Fragments of a Forgotten Genesis

Fragments of a Forgotten Genesis

Abdellatif Laâbi

Published by Leafe Press

4 Cohen Close
Chilwell
Nottingham
NG9 6RW
United Kingdom

1864 Morgan Avenue
Claremont
California 91711
United States

www.leafepress.com

Contents

Translators' Introduction...................7

Fragments of a Forgotten Genesis......11

Fragments d'une genèse oubliée........93

Translators Introduction

Abdellatif Laâbi is one of the most important and prolific writers to emerge from the francophone Maghreb. Laâbi is a poet, playwright, and novelist who was born in the medina of Fez, Morocco, in 1942. His work and his life mirror the colonial status of Morocco, as he is a poet who writes in French, the colonial language, yet he has fought against colonialism and totalitarianism throughout his life. Laâbi's early poetry is especially vitriolic in his attacks on colonialism, and he has said that he envisions his work as a means to eradicate "interior colonialism."

Laâbi emerged as a literary presence in 1965, when he, along with the Moroccan poets Mohammed Khaïr-Eddine and Mostapha Nissaboury founded the magazine Souffles and the publishing house Atlantes. During the 1960's, Laâbi's poetry, along with Souffles, reflected the militant optimism and fervor that accompanied the wave of decolonization sweeping Africa. But any optimism surrounding Moroccan independence quickly faded with the rise of King Hassan II. The militant stance of Souffles soon attracted the attention of the government and the intolerant King, and Laâbi was arrested, imprisoned, and tortured by the Moroccan government in 1972. After eight years in prison, he was released in 1980. The traumatic experiences of imprisonment are often depicted in Laâbi's work and it is during this time in prison that Laâbi learned Arabic. But rather than falling back on the established genres and form of "prison literature," Laâbi's work often incorporates elements of surrealism to expose other cognitive prisons. After his release, Laâbi eventually obtained political asylum in France in 1985. Once in France he was awarded a medal as commander of the French Order of Arts et Lettres in 1985 and appointed member of the Academy Mallarmé in 1988.

Since arriving in France in 1985, Laâbi has published more than ten books of poetry along with several novels and plays. Several of his works have been translated into English and German. Laâbi has also translated numerous works from Arabic into French, including work by the Palestinian poet Mahmoud Darwish and the Iraqi poet Abd al-Wahhab Bayati. His work as a poet, translator, and political activist has made him a powerful voice for human rights.

Published in 1998 by Editions Paroles d'Aube, Fragments d'une genèse oubliée / Fragments of a Forgotten Genesis is a surrealistic refiguring of Genesis presented in twenty-six "fragments." As a whole, the work is a mystical yet cynical re-visioning of both the Old Testament and the Koran. In the primordial stirrings of the initial sections a cry is heard, and the opening line of the work operates as a refrain throughout: "Au commencement était le cri" ("In the beginning was the cry.") As the book progresses, it is this pre-linguistic cry along with groans of pain and pleasure that propels the action.

As the title insists, the only genesis available to both the poet and reader is fragmented; it is incomplete in the sense that no book can ever be complete, can ever explain the world in its entirety.Rather than being a heroic tale of redemption and salvation, the shards that Laâbi compiles for his genesis focus on a number of anti-heroes. Like many of Laâbi's other works, Fragments d'une genèse oubliée /Fragments of a Forgotten Genesis portrays the plight of the prisoner. It is the prisoner, one who has been tortured and silenced, who must somehow create hope. Here, the prisoner portrays the quintessential status of humankind—helpless, alone, and struggling to overcome doubts. But the prison that Laâbi describes is linguistic as well as concrete, and its confinement is conceptual as well as physical. After recounting the physical birthing and creation of a horrible world populated by subhuman beings, Laâbi's genesis turns its attention to the origin of language. As he notes in "Fragment 14,": "Nous voici / devant la fresque/ qui va délier la langue" (We're here / before the fresco / that will unhinge language"). As readers we must dare to gaze upon this instrument of unhinging, or as the poem states, "soulever le voile / et de ses yeux nus / tenter le premier regard" ("to lift the veil / to take with naked eyes / the first glance"). The sights that populate the remainder of this unhinged text include a personification of Beauty as a benevolent witch and Forgetfulness as a barkeeper surrounded by a band of drunken and misshapen minions. As the book concludes with "Fragment 26," we are left waiting for an apocalypse and yet brought back to the beginning. Laâbi writes: "Le cauchemar / épouse un cercle parfait // Cela se nomme l'éternité // Un bocal hermétique / qu'aucune magie ne peut ouvrir" ("The nightmare / has come full circle // This is what we call eternity // An impenetrable jar / no magic will open").

Although Laâbi is best known for his poetry describing his imprisonment, especially Le Chemin des ordalies (published in English as Rue de Retour) and his moving poem, "Un Homme est en prison" / "A Man is in Prison" from Tous les déchirements, we feel that Fragments d'une genèse oubliée / Fragments of a Forgotten Genesis presents an aesthetic development and complication of his earlier poetics. The work's focus on fragmentation and its critique of the authoritarian act of declaring a common origin speaks to the nature of religious conflicts. Laâbi's re-conceptualizing and critiquing of textual fundamentalism is especially important in light of the current and ongoing conflict between fundamentalist strains of Christianity, Islam, and Judaism. What his work offers is a melancholy yet playful questioning of religious authority. In the face of doctrinal certainty, Laâbi offers mocking uncertainty; in the face of an anthrocentric genesis, Laâbi questions the state of man. Throughout the text he repeatedly chides his human anti-hero with this refrain: "Homme dites-vous? / Admettons / / Mais de grace / arrêtez le panégyrique" ("You call yourself Man? / Let's admit it / / This song to grace / has to stop"). What Laâbi has given us is a genesis that more adequately reflects the hideous and sublime actions of humanity.

In our translation, we have sought to preserve the unpretentious immediacy of Laâbi's French. Thus, articles have largely been omitted in the English, though they are required in the French. Counterbalancing the work's vernacular diction are brief passages of religious grandeur. These grandiose passages oscillate between parody and longing, and we have maintained the inverted syntax that Laâbi often employs. Lastly, we are grateful that Leafe Press has presented the translation in the same book as the original. Any inadequacies in our translation can be remedied by simply reading the original.

Gordon Hadfield
Nancy Hadfield

Fragments of a Forgotten Genesis

Fragment 1

In the beginning was the cry
and already discord

Which tore
the marriage of fire

Confused
violation
sordid struggles of separation
and staggering blows of solitude

Sky drew back from fire
water drew back from sky
earth drew back from water
idea drew back from clay
and the form surged
cut in two

One half was retained
the other thrown in the abyss

No one thought of good
or evil

Who could have done otherwise?

It was necessary to pile
embers against embers
to awaken this unshakeable
fire in the eyes

The prey softens and submits
offers its hairy neck
to the belly's
voracious germination

Everything devours everything
each cunningly takes its turn
the gluttonous sounds of swallowing

Vast was the destruction

The tadpole
in its stagnant pool
could not fathom

If only he had an antenna
with a small lens attached to the end
he could have…
But what would that accomplish?

Destruction
sole witness to destruction

With this indictment the water returns
cloaking the unsavory spectacle

Amplifying the disorder

These purposeless waves

For a lapse in eternity
there was nothing but waves

A wineskin
its contents shaken
as if something begrudged its roots

With somber jaws
the waves cut to the quick
stifling these stammers
mixing and remixing

For which fleeting idea did they seek revenge?

The waves mixed primal decline
excess of matter
meagerness of memory

This upheaval spawns Hybrid
arch menace
cauldron of pure insanity

Hybrid frolicked
proliferated
color is invented
by a simple rustle of light
free from its form
the gaze rises from the offal
mouths adorned
by either a retractable vulva
or an edible penis
Organs mirthfully
exchanged
One even hears snatches
of clear music

Being sculpts Being

Limbless life
examines itself

Like a vital flowering
with a sprig of intelligence
and immediate love

There were only dreaming leaps
in the dance of origins

Body of all bodies
Hybrid
the possible denying the impossible
progress from the horizon to the whole
genesis in love with genesis

But a darkening
from flashes of rage
and a flood of meteorites
What endures great trials
will last
Then the waves ebbed
abandoning the earth
that overturned cauldron
with its bloodless population

Why this confusion?

Fragment 2

The first glance was not innocent

In the back of the eye
there was an image
we will never dare describe

Evil pushed into the tongue
and out of the mouth

The wind began to blow
senselessly

It had just discovered its force

Then it appeared
elusive
A lost star
finding its path
so it burned
beyond all measure

In the mortuary of darkness
it was finished

We kill each other best
under cover of daylight

Time
senselessly leaps into the air
it fades
and nothing comes to interrupt
the cry

Creation listens to itself
listens to
its own litany

But there was a subterranean rumble
a landslide of volcanic rocks
a scraping of colossal thighs
an uncontrollable erection

some noisy panting
then a spurting high and strong
staggering geyser
spreading the seed
its acrid fragrance

Astonishment
and greed follow

Desire pulls off the masks

Later
with the word
came ennui

Now
it repeats
No path leads to the heart's site
There are only bulging vibrations
and foam cavities
ceaselessly driving
in blindness

Flesh
is the sole malediction

Each time
Earth loses consciousness

The trees cry for her

The trees
first figment
or last?

Fragment 3

In innocence
Monster took shape
impeccable innocence

Monster doesn't describe itself

It resembles itself

Uncreated
it embraces creation

From the angel
it takes only idleness

It neither advances
nor withdraws

It neither wants
nor acts

With detachment it welcomes
the band of converts

With three bits of string
it fashions a sneer

Distraught
it pushes a cart of transgressions

Only one element among others
improvised like the others

Monster
doesn't know what he is

But when
the cry reached him
he felt it in his gut

At first
Monster was sensitive
naïve

Then he was fearsome

In him
emotion opened
a well of hatred
and he became
a ravager

Decreed by chance

Poor Monster
driven by base desires

This corruption
takes time

Illusion takes time
and when it dissipates
Monster is there
seated near the threshold

It shakes off its shell
transforms into a column of smoke

Dissolves into air
enters through the nostrils

Moves slowly

Its warmth spreads
rises rises
until vision explodes
releases its spiders
in a flood of colorless blood

Then we see the crouching form
intent on its double
trying to stifle the cry
miming the first rituals

All this
with a detached air
as if the lesson
had already been learned

Monster decides nothing

If he's armed
it's inadvertent

This other facet of habit

Monster was born
in Hybrid's defeat

Fragment 4

Shadow
detaches from Monster
at first a vague reflection
a putrid wave of breath

Then an omen of death

Shadow cannibalizes its
spineless self

Hounding itself into nooks
it reveals the labyrinth

Shadow multiplies

Visible or invisible
it hesitates before words
transmits the terror
of physical memory

Reason
which resists it
is not yet born

Of all that emerges
what's real
what's unreal?

Who escapes Shadow's trap?

The dream is an aid to memory
its virtue ends there

One cannot escape dreams

Forgetfulness can't tear away the bars

Shadow stands watch around the circle
feeding the fire
and summoning the passions

It presents the tablet of laws
just to spit on it

Law alone
drifts

Shadow opens its orifices
before the insatiable
and spews forth insults

This false body raced
a vague consciousness
But where do these images come from
from whose story of childbirth
from whose echo of life's embryo?

These fantastic animals with whinnying bellies
trees banned from sight
lips whose poison unlocks orgasm
and then heartbreaking separations
sweet tears that will fill buckets
familiar tongues
whose treacherous words we do not understand
objects obsolete before invention
females who know only how to share pain
scrawny males brandishing clubs
reduced to dust by a witness's laugh
these wings that can't even crawl
this cold sky penetrates the cave
scatters dense black snow
whispering voices
these ears we cut off
to slip onto a necklace
these flailing hips
that open again and again
to the small flayed bird
this thread of pus that runs from the navel
foul odor
from the carnivorous flower
feasts of rotten meat
this rolling embarkation
darkened by a whirlpool of maggots

tentacles that fasten to the stars
at the moment of suffocation
the gong chips the heart

Where do these images come from?

Shadow
queen of sensations

Emissary of what passes
before existence writes

Time's rival
artisan of its fiction

Shadow
another side to Monster
descended to earth

Fragment 5

In the beginning was the cry
and already discord

A survivor was needed
from another era
another universe
without ties to this debacle

A wise listener was needed
one filled with the cry before saying:

The cry is not heard
it's before hearing

The cry is not of this world
where sight
is still only a hypothesis

We cannot sniff it out

The cry is latent
a premonition

It claims necessity
as its pretext

Of its longevity
it knows only longevity

The cry is the other light
and above all the movement of light

Nothing taught it
nothing will teach it

Speech curtails the cry
when it does not obscure it

Dawn is its abode
night its territory

Revolutions cover it a little
so little

In the middle of disaster
it holds its breath

The cry has some decency

A sense
that matures in terror

The message that self-destructs

Art that does not question

Unfortunate truth

Weapon of kindness

The cry is not of this world
and it is not of his

It is an obscure paradox
of betrayed loves
and noisy death

The cry sees
and can do nothing

It doesn't even listen to itself
or admire itself

The cry is a widower from birth

It fears silence
yet delights in it

In the beginning
it was
it is now
only the imperceptible echo of a vague rumor

Will it succeed?

Fragment 6

This began the season of waiting
hard
long season
burning winter allied against germination
fevers' inventive delirium

Newborn's wrinkles

Waiting with airs of mourning
its radiant sadness

Solemn waiting
between empty action
and empty reason

Sole power below the heavens

What is born waits
and what dies waits

Hope and despair
create illusions

There is only waiting
and its enigma

Questions devour questions

What remains
a chili pepper under the uvula
small stones reveal the curse's sign
what we spear again and again
to kill time

Waiting
a shroud woven from birth

Stolen
at the hour of agony

Little by little
expectation extinguished the spirit of rebellion
nothing resembles a single minute of waiting
but another minute of waiting
Consummate boredom
ridiculous in its inconsistency
suspended on the brink of nausea

Hard
long season
where we barely imagine
a fading circle of fire
a farandole of extinguished stars
a theater of shadows
where conscripted actors
wander without faith or grace
fumbling through a half-forgotten text

something of this genre:
Glory unto thee oh waiting hangman
supreme judge of destitution
lover-rapist of harshness
Free to depict the misery
of the wretched
and leash
the dog of mercy
you are...
you are not...
you are...
you are not...
Glory unto thee
oh acrobat-in-chief

And waiting puffs itself up
spreads its soporific wings
and cuts the half light
before releasing its bowels
on the vast prison of the soul
and the prostrate multitude

Hard
long season
offering its viscous wall
where we are unable to drive a nail

hang some amulets
or bang our heads

Waiting
more suffering
less
dignity

But what doesn't kill us
—we'll know this—
is the most painful

Fragment 7

So the desert arrived unexpectedly
with a playful flick
It pushed
unrolled
extended
its listless serpent
over a forgotten quarter
and a vacant third

Then it didn't know what to do with its kingdom

Not old or wise
the desert
so hesitant

Its page purest white
most menacing

It hesitated without considering

The source of prophecy

Certitude is the lot of the undecided

He who transmits the word
renounces
his own words

The scribe
prostitutes himself for nothing
and he is happy for it
the blessed one

The desert does not anticipate
it makes fables

Lacking ideas
it sleeps to inspire its dreams

Instead of acting
it sees itself act

See how he puts on the famous cloak
green outside
red inside
See how he borrows a flute from the wind
and plays it like a trumpet
See how he sows damaged seeds
for the foolish harvest of images
See how he keeps
the stars' many tools
for a cuisine inspired
by a wandering species
See how he falls and gets up
on his path to the womb
this grotto where he'll read
what will be read to him
See how he leaves
stretched out on the palanquin of truth
carried by black angels
yes black

See him with his beard
his foolish wicks and cudgels
surrounded by his invisible army
and celestial escort
of mastodon birds holding war machines
in their talons

See his message
ambiguous and irrevocable

Unforeseeable desert!

It rocks Creature
to detach it from hope
to make it reflect the coming

It leaves the tombs open
for enacting the resurrection

In his improvisation

He remains youthful

His first page is hardly filled
with barely legible writing

And the sand that mixes
with his mania for cleanliness

Stiff-jawed silence
brings up the rear
slamming it shut
as the desert returns to itself
recovers its hesitation
the freshness of its malice
and the somnolence of the snake

Fragment 8

How to describe Creature?

Its substance
perplexes

It had to be extracted
like a strand from the clay
seized by a steel hand
and threaded through a needle's eye

Night had to be separated from day
air bubbles from water bubbles
Monster from Shadow

The wheel began to turn
ceaselessly

At each refinement
Creature again asks
assuming it has the right to watch
its own conception

Bulimic Creature
demands some extra organs
reserved faculties
meager gifts

And when its desires go unsatisfied
it steals without hesitation

From the sea
it stole the conch
and fashioned it as an ear

For vision
it insisted it come from the desert
nowhere else

For sex
it obtained the features of a hybrid

It demanded the amputation of touch
deciding that Monster
has rested enough

From Shadow
it had no trouble obtaining taste

As for smell
it already reeked

Little by little
Creature aspired to perfection
it wanted
some flattering mirrors

intelligent tools
fruit
prey
companions of pleasure and solitude
a calendar
musical instruments
a vessel to hold fire
a tempered replica of the sun
paint to create stories
to mimic the grace of fish and swallow

Knowing itself vulnerable
it was capricious

Knowing itself ephemeral
it conjured up eternity in the present

Fragile
Creature was prolific

It occupied the surroundings
riverbanks
natural amphitheaters
inlets abandoned by backwash
protected desert savannahs

It laid out paths
to fight repetition

a refuge in which to count its brood
and savor the nights' heat

It had to fight the shards of reality

So many escaping forces
so many evil breaths

And then the unmistakable
cry of beginning
Strident prophet
of error

Fragment 9

Creature
began to eat
without salt
the warts covering its body

This did not quench its hunger

From this frustration
the horde was born

There came
another cycle of darkness
as if gripped by a heavy fatigue
everything hung
on a throw of the dice

Intuition
that roving fatality

A gust of wind
clamoring for a stroke of luck
the cosmic tree stricken with convulsions
a great and panicked pitching
water turns black
a veil hides heaven
and earth

Night recovers her colors
her mask

It ate quickly

Blindly
it traced a circle of heartbeats
piling up the horde

Promiscuity did the rest

Plural body
the horde unleashed on itself

The scalping began
stretched out in the arena
a dance of limbs and organs
ambiguous bites
twirling rods
shuddering asses
deaf penetrations interrupted by rejections
wild mustiness of stunned flesh
drainage of skulls
strangled death rattles

Then the horde answers
the call of another terror

Lust wants truth
it wants blood

Pounding jugulars
eyes flaming under the blindfold
uncontrolled drooling
tongue hanging
the first caught will be sacrificed
a little finger torn off
for the communal cooking pot

The horde licks its chops
picks its teeth

And frenzy sets in

Frenzy must lash and whip herself
No one knows who gives the blows
or who receives

The horde doesn't groan

Evil knows where to strike
to expel evil

The breast must burn
until the viscera are exposed
the shorn skull
will be blessed by a hatchet blow

the mouth cleansed by coals
huffing and puffing
the body plunges again and again
in its puddle of energy
wounds drink and close
the body revives
still more bruised
still more thirsty

Terror is only a chain
attached to folly

The calm is deceptive

Even at night
Shadow is there
crouched outside the circle

The horde knows it

The source
of tragedy

Fragment 10

Heaven
mired in oblivion

Of all the protagonists
it was the least interested

As if purified
heaven emerged from fire
and ascended

Distanced from baseness
from the ruckus
from internal struggles

It was content simply to be

It's a form of exile
bittersweet

The window of childhood
remains half-open
The garden is unreal
its trees an absent presence
its young girls metamorphosed into turtledoves
wanderings accompanied by a murmuring voice
privets and sweet lemons
honeysuckle thrusting up until forbidden
the stone clock

in negotiations with the sun
the goat with golden hooves
hides stretched between the graves
weaving spiders
the open knife
still wet with blood

The garden is unreal
but it is the sole reality
when earth hides

slipping away like a phantom ship
when the arms break away from the trunk
and the legs fall off in the distance
when vision weakened by old age
knows only to sift memories
when waking no longer awakens
and action freezes on fingertips

Exile and its complicated grammar
all its verbs irregular
requiring translation
before releasing them to the phrase
these shameful
pangs and jubilations

But heaven was only a novice
It hadn't chosen
It changed its mind
chose again
to finish
on the outskirts of wandering

It tried its hand at separation
the beautiful adolescent

It searched for music that split the soul
and consoled confusion

It eyed solitude
up and down
measuring it

It asked itself:
If the universe is my domain
where is my center

If I know where I'm from
where do I go

If I speak
who will listen

If I love
who will I love
and who will love me?

From one eclipse to another
Heaven contradicts itself

From one question to the other
it wilts

From these sighs
cumulus were formed

With these
carefully hidden tears
stars were baptized

From these flashes
movement grew bolder

Heaven and its vertigo

There
death had it easy

Death donned the attire of grace

Those who aspire to death's embrace
will no longer be dispossessed

They will unite with lost meaning
They will know the sacred voyage

They will stifle the cry

The indescribable image
will vanish

Wild beatings
the face delivered from desire
from fear
returned to peace

The end will truly be the end
unembellished
an achievement
to anticipate
it's that simple

Heaven and its precocious wailing

Fragment 11

The cry was silenced

Echo too

And the prodigious veil of calm covered everything

No breath
No wave
No flight

Lapse of doubt
or return to primitive laziness
fecundity
from which beauty derives its languor
legs bent
open to the surge
ankles wet
with nectar

Oh silence
fault so rare
where life and sin rest
trivial battles
small acts thought important
cogs desiring a machine
steps that do not shorten the road
but rather lengthen it
heavy seconds savagely beating the dial

age unrolling
like a mite-ravaged parchment
benches barely recalling
the tyranny of waiting

Oh silence
when you don't eat the bread of oblivion
may you reign with justice
without sword or drum
or even the clanking of the scale
and the anxious vibration of the needle

You're only there
for a moment
With an amused smile
you warn vendor and buyer

You pass quickly
lest anyone have the idea
of apotheosis

You pick the unexpected path
to avoid the race
and dispense
what is neither bounty
nor punishment
a simple flaw
between two triumphant tumults

But the flaw is invisible
unforeseeable
and when one discovers it

by the greatest of chances
one feels helpless
stupid

Peace on the chrysalis of dawn
on the dormant source
lulled by its song
over joined hands
under the flowering cloths' embrace

Peace on the mountaintops
in their consenting solitude
on the ruins facing the sea
on the wing of the phoenix
imitating the tree

Peace on the fire
stalking under the ashes
on the tombs newly watered

preparing for a long siege
on the grotto of the soul
where the shadows have stopped dancing

Peace on all the wounds
blood stopped
blades rusted

Peace on the maker's curses
on the colors
that have not yet found their musicians

on the suicides
who leave no word of goodbye

Peace here and there
on past and future
known and unknown

But you are only a modest visitor
Oh silence
gnawing mystery

Are you only a messenger of the cry
humble
so humble
that the least awkwardness
shatters your crystal cup
before we can
bring it to our lips?

Fragment 12

Now everything's asleep
from seaweed to sky
from Monster to ant

Beauty visits

She opens her bag
pulls out her instruments
one by one
her subtle display
string
brushes
feathers
herbs
small stones

Expressionless

She leans over the crib

Accepting the present
for what it is

Without judging

The task is immense
but she has time

With Beauty comes patience

Her work is too fragile
too uncertain

Anything but an affirmation

Each touch erasing the other
to better affix itself

Beauty doesn't think of rebelling
criticizing
still less correcting

She doesn't add anything
what exists suffices

She chooses without forgetting
without despising
what is cast aside

Considerate
she reaches out for ugliness

Everything's asleep
coast to coast
in the cradle
wolf and ewe

idea and Shadow
desert and twisted sky
gape-mouthed Creature
satiated horde

Beauty works in silence
sheltered from view

Her accomplishments
must pass unnoticed
until daybreak
reveals her work

Gently amazing

This way
she refrains from giving herself
or refusing

She prepares for the meeting
retiring
to keep her composure

Beauty does not like to feast
hers is a sad cup

Compliments lead to doubts
tarnish her

Without prudishness
she avoids caresses

Of all offerings
she prefers glances

Now everything's asleep

Beauty bends over the crib
She peers at the tip
conjoining the abyss
she is touched
by existence's imperfections
by gnawing disorder
by lurking violence

She knows that she can do nothing

Her power
can only resist power
only send this small message
into the irreversible
 river of destiny

She summons a miraculous stream
to run parallel to this river
She scoffs at fate

She gives the stream
the curious name
of Love
and begins to work

Fragment 13

Again the cry
as in the beginning

Creation leads only to discord

Meteor seed
traverses the chaos

Arriving on terra firma
it plants the vertigo tree

It will bear
birds afraid of knowledge
tortoises of stamina
agile gazelles of intuition

It will bear
harnessed horses of vision
then language spiders
then sex other than female

From it will grow
memory spindles
molding
measure
pitch

the essence of whiteness
and a complete series of mirrors

Now silence is only a memory

Creation tangos
amid the uproar

Ocean releases
its shorelines and reefs
it offers nothing

Sun sulks

Fire sticks out its tongue

Wind covers its tracks
dispersing its own footprints

Desert looses its jackal sneer

Heaven is too young to understand

Creation advances
on a thread
stretched between two nights

two infinities
facing each other like china dogs

It is out of the question that it will fail
even if it doubts
even if the burden is too heavy

However it must look
far back
far ahead
not forget
either the abyss on the right
nor the one on the left
keep one eye on its steps
the other on the flickering flame
at the end of the tunnel

Creation
its inexcusable thirst
the cowardice of its judges
lying in wait for weakness

Its cries of shameful joy

But the prodigy is there
oh blundering creation

The idea is beautiful
because it has no intention

The splitting score will be free

Its notes will be born
only to give birth

Fearful at first
it will pause
catch its breath
explain its astonishment

Its jubilation will be pure

It will not fall
into the trap of miracle

What will be born
will participate in light
will write on the blank page
the first words of a nursery rhyme

Above all no songs of glory
of noisy celebration

To be born is a silent prayer

Why give thanks
and to whom?

Creation is dreamlike
distracted as if impossible

Of what follows
the happiest
will be the fruits of lapse

Creation avoids watching itself
give birth

The creator watches for it

A single glance suffices
and it flies
on its own wings

Fragment 14

We're here
before the fresco
that will unhinge language

It appeared
only to disappear

This amnesiac struggle
before
long before
the barred contortions

Who dares to lift the veil
to take with naked eyes
the first glance

Will he survive its brilliance?

The face was offered
reconciled

It is the moment of prayer
of balm

Cry becomes chant
rejoins the celebration

All present at creation
will lend a hand

First dawn
the pains have calmed

You're newly born
man
the fresco is dedicated to you

What did you do for this honor?

Nothing
truly nothing

Primal desire
yearning for the source
brought you into the world

Life did not anticipate you

Ripe embryo
you were tempted
by a halfhearted promise
then the cord was cut

Newborn
man
the pains are calmed

An ever-present veil
obscures the fresco

You catch a glimpse
squint
not knowing that vision is forged
in flickers

In this
you join humanity

First dawn
blessed dawn

The fresco dances for you
reveals itself and yourself

How to keep these treasured glimpses?

The filthy blanket brings a chill warmth
to your limbs
soiled with drool and urine

Footfalls
have crossed your heart
moved off down the corridor

The stale bread
which serves as a pillow
gives you an insane desire for coffee

A welcome bitterness teases your tongue
pushes up morning's window

Gently
between you and the fresco
the ever-present veil

Open your hand
let reason pass
and embers cool

Prepare yourself for revelation

You did not choose
man
and you are not chosen

You fell from a belly
when pain muddled all

Gently
you breathe
eyes half-open

You
so puny
a flabby ball streaked with blood
thrown into a exit-less cellar
you shudder the original shudder
the very one
that preceded sight

Heaven withdraws
whirling in your head

The fresco appears
and disappears

it speaks in you
of itself
and of you

The first man
is also the last

So it goes for everyone

Fragment 15

What did you hear
and what did you see
broken man?

Say
say
or else recite

If you don't speak
Monster will be pardoned

Shadow will crack the fresco

Abduction
which was the rule
will be the rule

Between us
the field of oblivion will sprout
Nothing can resist
its maddening grasses
not distance
or movement
or even the desert's deceits

Obliteration
will overtake body and vision

Those born afterward
will disavow their ancestors
disavow themselves

Son will become wolf to son

Mother will be beaten to death
after giving birth

Acid rain
will ceaselessly fall
on one and all

It will flow in sweat
sperm
tears
will ravage brows
sexes
faces
and with a thousand darts
it will tear the matrix

Will you speak
broken man?

At least
say what you think you saw

Your testimony will be flawed
but so what?

We ask only for your truth
so small
but still a fragment of truth

What are you afraid of
of uselessness
of certainty

Don't you know that silence
is a crime of omission?

Oh speech
be just
aid the distressed

Take him by the hand
guide him in this night of judgment

Bring the veil closer
to imprint his face
there

Put between his lips
your burning pearl
coat his tongue
with soothing elixir

Don't be frivolous
like so many proud goddesses
don't add vain mysteries

to the mystery of your conception
and among your proclaimed virtues
don't forget compassion

Will you speak
broken man?

You are master and slave
of your secret

Seize this moment of consciousness
bare your chest
strike your breasts
show your teeth
curl your lips
cluster after cluster
the surge of chrysalises

Say
and rejoice in saying

Fragment 16

So
what language
will describe your brilliance

That of the still-dreaming dead
or delirious words
whispered to you in delirium?

Idiotic question

In the word cemetery
you are the gardener
shepherd of nudes
caretaker of rain
and guardian of roots

You plant flowers on graves
to shade the pastures of life
and decree the resurrection

Scribbled butterflies
hatch from your babble
a thick flock of calligrams

They form an obelisk
on which all future languages
are inscribed

The obelisk grows
rises to the stars

Heaven is stunned
but contrary to legend
it is not jealous

It opens its arms
to these myriad signs
and gains wisdom

In this way
you have passed through the fresco
broken man

You wanted to see and know
you are now on the other side
of light

As soon as you spoke
the fresco vanished

Now
night descends over you
slowly

With the gait of a blind man
you walk

Your words are your cane
the exhalation of your passage

You discover your hands
not alongside your body
but in front
behind
like oars

The skiff of your body
is radiant flesh
expert in desire
and the memory
of desire

It does not know its destination
glides
eternally

With or without wind
it goes
by backstreets and alleyways
above the air and below the water
driven onward by the sirens' cries

It pushes its way through the devoured city
between two petrified rows
of pure blood

and a garland of names
is released in its wake

Odors invade your skiff
your odors from birth
sour or alluring

You track the scent
by pushing back the hornets of forgetfulness
and quickening your step

You search the grave
where you will find your crib
covered with the yellow shroud of your mother
Clove
saliva soaked crimson
peeled from the flood
powdered antimony
Oh memory
green sun of your eyes

Next to the crib
small
yellow slippers

He who removed them from his feet
has taken your place
under the shroud

His beard and nails
grow on
he has the rosy cheeks
of a bridegroom
his eyes closed in death

He sleeps without breathing
and rests here for you
Oh memory
hands clasped in gentleness

Your elegy flows
from this fountain

Fragment 17

In the beginning was the cry
and already discord

Here is man
the heir
doubting everything
grappling with himself

He speaks
fear in his belly
mouth awry

From the abscess of his skull
he spits his words
empties his liver
into the great funnel of indifference

He speaks
or speaks to himself
as if slapping his face
laughing at his discovery:

You call yourself Man?
Let's admit it

For convenience
I put this name on my face

take my assigned place
in the skiff

What can a galley-slave say
of his chains
of these apocryphal beginnings
that leave him
in the same leaky skiff
with the same companions of misfortune
drugged
vainly waiting for the promised land?

So many links are missing
from good luck
and I am one link too many

I have only to move
to inhale or exhale
to break the harmony
for a cope of ugliness
to cloak dawn's tender palette

It takes only a slip
a blister bursting
in the acid pool of my deficiencies
for Monster to awaken
and bound into the arena
starving
inventive
an unknown lover to his prey
quicker than a perfect gazelle

It takes only the false step
of inattention
for the hourglass of memory
to turn over
and for me to move backward
toward my death
wailing like an animal wounded
by life

It takes only a bad patch
for me to despise myself

Or a sleepless night
for me to change color
religion
the clothes of a clown

It takes only trembling shapes
to taint knowledge
for a spirit of ridicule to appear

It takes only a single secret
for me to be
defenseless
naked
sick with truth

You call yourself Man?
Let's admit it

I am linked to the flock
happily traveling to the slaughterhouse
and I bleat loudly

My little sheep's brain
does not warn me of danger

And rumor runs
grows
The hour has struck
it's the day of reckonings and punishments
Here's the balance
the bouncers of paradise
the peripatetics of hell
the laughing face of the conqueror god

Courage my ewes
we'll die standing
dignified
as becomes a species of ruminants

Fragment 18

You call yourself Man?
Let's admit it

Please stop
this song to grace

Maybe the idea was beautiful
but it is far from the cup to the lips

In creation's cramped warehouse
I count and recount

With my small bit of knowledge
I approach the labyrinth
without thread or pebbles

Enter
through a text
written in a cursed
lost language

Only flies' feet
dot the talisman yellowed by fevers
and sweat

It seems all is there

The so-called commencements
and the fiction of achievement

The rusty chain of life
stretches
between two posts

Near
the middle of the chain
a black dot
just bigger than a pinhead
contains my story

Still I insist

Indications are weak
but I insist

Knowledge is limited
but I insist

My days are numbered
but I insist

For I am infinitesimal
smaller than a pinhead

Even now
I am almost invisible

Here
I intrude myself
and roll
like a ball of mercury

Strange labyrinth
shaped like my body

The sensation of being there
and not being there

We are guided
through torturous galleries
by the sound of blood oozing

From neglected organs
shrinking into cavities

A perfected scent

At each step
someone
who from behind resembles me
detaches himself
and moves ahead

My line of doppelgangers
stretches ahead and behind

We evolve with art
devoured by an anthill

Where is my place in the column?

What is my role?

My mouth is dry
vertiginous cold
of the captive who plans his escape
from the prison of his skull

Dislocation has a color
it is white

A light nausea accompanies it

Rupture was achieved
without tears
or heartbreak

Instead a deaf anger
a fury in the pupils
turns them reddish yellow

After crossing the threshold
the escapee desires only
to detach himself from his frightening other half

and leaping overboard
to tread the spongy earth
of absence

Strange labyrinth
in the shape of my body

You offer me no escape

Fragment 19

I learned to read and write
for my misfortune

What did the text say
scribbled in the forgotten tongue
the accursed language?

Only the escapee can decipher it

Hold out your hand to me
my forbidden brother
I don't have your courage
because I'm still afraid for my own

I'm afraid I'll find near you
only a mineral landscape
without the lover's caress
or the prodigious fruits of the vine

I have trouble leaving
what harms me
and I rise up against evil

Brother
hold out your hand
not to draw me nearer
with your legendary violence
but to offer me the key
that you have yet to make

You
you are free now

Disengaged from knowing
and from feeling

From battle
and display

From truth
and error

From the justice of men and gods

Disengaged even from love
and the menagerie of desire

You eat little
and hardly drink

You no longer fear questioning eyes

Appeasement means nothing to you

You no longer wait for evening's music
and dawn's
rarely kept promises

Dreams surprise you
on your cot
you move with or without wings

A cool corner
behind a door
on a bench
every place is the place
where life's premonitions come to you—
that one does not have to live
to be complete

Who would have thought to teach you
to convince you
you who have eschewed convincing
and speak only
for the facetious reptiles in your head

Who could hold it against you
you who have renounced everything?

Fragment 20

Brother, I know you well

We often met in the passing trials

The torturer introduced us. Even blindfolded
we recognized each other. Then I heard you cry and cry,
and I hurried to take your place, offering my flesh
to the unbearable that pierced
your flesh.
Later, we met again in expectation. The wall
separating us crumbled. There we composed our
musical notebook. Each night we exchanged notes from
the sober score:
—What have you eaten?
—What have you read?
—Did you receive a letter?
—What did you see in the moon?
—Has the sparrow with the broken leg returned?
—Did your lover spill some perfume on your pillow?
 Lilac or jasmine? Musk or amber?

Sometimes I heard you cry in your sleep and I relived
the scene. You or me, grappling with the form and its
shadow. Your breast or mine opened by a rat-surgeon
digging in our intestines, searching, we said, to extirpate
our souls.

Much later, we ran across each other in an icy desert. A screen of
snow separated us and we had trouble finding the snow beautiful.
You mouthed exile before your mouth was sealed shut.
And in your eyes, I saw the beating butterfly of the last
image. A plant with yellow flowers called "cat droppings"
sat on the white floor. Lacking a house, a whitewashed
floor where the linen of childhood floated like a prodigious
ship.

Brother, I know you well
and you know me
as well as the heavy
aqueous pocket
of your head

So
hold out your hand
give me the key
it's all you can do

Fragment 21

I'm inside a black dot
little little
big big

My brother the escapee
didn't give me his hand

Maybe he didn't have the key

No fool is perfect

I await illumination

And don't expect it from anyone

If it comes
I'll cut the Gordian knot

If it doesn't
at least I will have haunted the labyrinth
covered its walls
with my writings

Vain or not
that depends

Legible or not
that's not for me to judge

One more talisman
for the naïve or imprudent
who tempt fate
that devil who follows the trail

My impatience
has taught me patience

Foolishness
inoculated me with the exact science of laughter

I read to forget
and get drunk to be lucid

Love is my religion
as they'll say when I'm dead

I add that it's my opium
and not that of the people
alas

Nothing shocks
to the point of astonishment
except woman

Everything in man
I mean the male
threatens and afflicts me

From the first cries
of this interminable journey
to the most recent whimper
I keep
not the triumphant
but the unenlightened
who have lost their way

The film is bad
defective editing
a script of unfulfilled promises
false images
crude make-up
blaring music drowning dialogue
ridiculed actors
a director inflated with conceit
a money machine
to establish the insidious power
of behind-the-scenes
assassins

Enraged
without grace or rhetoric
I reserve
the alchemy of the word
the subtle mix of metaphors
epic's abrasive breath

Fragment 22

You call yourself Man?
Let's admit it

This
or something else
why torture yourself?

Never mind the husk
the label
the mask we can no longer remove
for fear of peeling off our skin

I face it
mistakenly serene
but I face it

On this journey
I chose neither mount
nor itinerary

I had barely
added salt

I became invisible
to see otherwise
and not see myself from outside
a puppet among puppets

Once again I count the days

How damn long they are
and how dreadfully short

From banality to banality
I wilt
and shrink

I am there
in the margin that chose me
holding out a hand
for my flower
set in concrete

Who will want my flower?

Here no one will call me
by name
will knock on my door
and ask for help
or a pinch of salt

It rains
or is sunny
whatever

Wind has no voice

Birds hide themselves
to sing

Volcanoes are distant
but earthquakes still strike

In the street
people
and even dogs
are only transient

Lacking a radiant face
I say hello to our magnolia
to the spear of mint planted yesterday
to the empty chair before me

Is it really empty?

I think not

Many people come here to sit
saying nothing

Each
takes something from me

Ghosts have a curious way of
plundering you
calling you back to your failings

I live and let live

The chair is solid
it will outlive us all

I write
I don't know in which language
the forgotten or the damned
I imitate the characters of the talisman
revealed by the labyrinth

I try my hardest

Reread it seven times
so as not to contravene the law

From phrase within phrase
I wilt
and shrink

The page widens
and lengthens
until it covers the table completely
and overflows

My quill escapes me
jumps out the window

Heaven slams its door in my face

Helpless
I assist
in the rebellion of my own tools

Fragment 23

Time to be silent
to put away the props
costumes
dreams
grief
postcards

Time to close the parentheses
stop the refrain
sell the furniture
clean the room
empty the trash

Time to open the canaries' cage
where song was lavished on me
in exchange for a bit of food
and a few drops of water

Time to leave
the house of illusions
for the expanses of a fiery ocean
where my human metals
will finally melt

Time to leave our shelters
and prepare for the journey

Our paths part
oh my brother the escapee

I have my own shard
of madness

A choice other
than separation

I shine my little light
on the last signs
of horror

One time
one single time
it seemed I was
the hero of romances

This was
when I was in love

Love
something light for the knapsack

But I leave
without regret
I adhere to the
primal cry
reddened in the fire of bad luck

and I ceaselessly traverse
the chain of failures

I surprise chaos
in its preparations

I call to my black trance
the wounded
vanquished spirits
martyrs to condemned passions
virgins sacrificed to fertility gods
poets driven from the city
dinosaurs as gentle as doves
dreamers lightning-struck mid dream
hermits of every era
who survived the bulldozers of history
hiding in their grottos

I recognize only people
healed by kidnapping and murder
by the vampirism of needs
adorations
submissions
and stupid laws

I recognize only people
not born of the horde
nomadic by night
leaving to trees their fruits
to animals their wild lives

nourishing themselves on star milk
confiding their deaths
to the generosity of silence

I recognize only these
impossible people

We rejoin each other in the trance

The dance rejuvenates us
helps us traverse absence

Another vigil begins
in the confines of memory

Fragment 24

The season of speech has ended

Of all we have uttered
what will last?

Small scraps
here and there

Taste of words
that gave
and mended life

Story of a vanquished love

Hopeless song
of crazy hope

Key
thrown to the bottom of a well

Last groan of a bull
dragged from the arena
like a rag

Necklace of riddles
against Beauty's translucent neck

The season of speech has ended

Behind speech
lies the silhouette of Forgetfulness

With his enchanted lyre

His large effacing hands

His ceremonial gown with a thousand folds

And rubies melting from his cup

Forgetfulness
you tactless
briber

Forgetfulness wins back his ancestral tavern
installs himself upon the throne
and pours out moonshine
for his flock

At his banquet
no one misses his call

There they are
all excited
eleventh-hour converts
gnarled veterans of utopia
bitter and somber
retired torturers
grandfathers and expert gardeners
generals
poets on Sunday
killers the rest of the week
organ bankers
who also deal in spoiled blood
the nostalgic marine
maker of angels
road worker on the path of righteousness
the little artisans of corruption
voices of reason
pimps of heaven
naked kings
adorned with dunce caps
the clowns of the desert
tamers of dreams
death
of all informers

There they are
sprawled at the foot of the throne
a crowd of penitents
Travelers tired
of worthless liberty
of endless misery
and the plowshare of truth

There they are
behind the throne

posing for the camera
the learned assembly of former victims
twisted and bulging
armed to the teeth

There
are only the elderly
or those old before their time
sadistic children
with wrinkled necks
and hairy hands
flat-chested women
with thinning hair

The tavern is packed
the odor stifling

The banquet drags on

They wait only for dinner
which finally arrives

Dressed in convicts' stripes
the servers
fill the plates
from enormous slabs of flesh
raw
rotting
and saying
to those who will listen:
Eat
one and all

The guests dig in with gusto
tearing apart flesh
swallowing
licking their lips

Drink flows like waves

"Modern" music bursts forth

The bravest leave the tables
and form a circle
swaying gracelessly

The music becomes vulgar
the men as well

the women take off their clothes
what remains of their femininity

The orgy
if one can call it that
is in full sway

At the back of the tavern
the forgotten throne

Savors its power

Fragment 25

The tavern of oblivion
is now empty

The banquet's refuse
scattered by the wind

The horde returned to its dark paths
its tribulations

The set is ready
to welcome other plays

No respite for the mountebanks
no pity
for the eternal spectators

Look
a parody of the apocalypse!

What is needed to strike spirits
to the point of extinction

This reign
will end
and the appetite it awakens

Signs
of the huge crack
at the center of the earth
at the heart of ideas

The source of reason
and its dismemberment

Darkness putting its bronze
between the thing and its opposite

Scourges and the ordinary miracles
Misunderstood at the root. Mutation of the blood.
Confusion of the five senses. Malfunction of
light, metals, copulation.

A century of rain. A century of drought.
An eclipse forecast and often reported.
Bleeding tree. Somnambulist statues.
The unicorn comes alive, leaps from its tapestry
and vanishes up the chimney.
Reappearance of extinct species of elves.
Disappearance of the isle of discovery. Suspicious
deaths at the moment of amorous entreaty.
Collective avoidance of all asylums and secret prisons.
Drying up the source of truth, the interior ocean.
Serial suicides of athletes and politicians adored
by the people. Invasion of mechanical grasshoppers,
of highly intelligent fleas.
Nimble advance
of the desert
in hearts

In the desert's pocket
Messenger
despised in his lifetime
will appear

Candidate for martyrdom

He will emerge from the dune
of the seven virgins buried alive
from the manuscript with torn out pages
from legend
or from a hovel in a shanty-town

He will have albino eyes
stubble of the rebel
nose of a catfish
burning hands
of a slave-laborer

He will advance
under the pale sun
in the middle of the unbelieving horde
in a scene of moral poverty

The wailing of an archaic trumpet
will be heard
a burst of crackling gossip
a gong beat with a hint of rust

Then in the silence preceding
the lofty accounts
that will accede to memory
he will wipe from his lips
the staleness of lies
stare into the ranks of childish heads
before saying:
Here comes the time
of famine
and slaughter

Oh people of the lustful cockroach
prepare for trials

The wheel of fortune has turned and
stopped

You have gambled and
lost

You couldn't read the signs

You made a cesspool
of the garden entrusted to you

From the sacred seed
planted in you
you have drawn bitter
unbreakable bread

You have reserved intelligence
for alibis to perfect crimes

You have taken from the poor
the buoy of hope

From women
the ornaments of being

To your children
you have bequeathed blinders
the lure of profit
and the lexicon of hatred

You plucked out the eyes
of those who offered you a mirror
to tally your acts of cowardice
and oust Monster within

And I
I who talk to you and warn you
I know what fate you reserve for me

Here
I offer my body to the absurdity
of your sadistic ingenuity

I curse you
and curse at the same time

this holocaust tradition
which makes me kneel
spread my arms
offer my neck
for you to test
before cutting the throat
of the defenseless lamb that I am
whose soul
if it has a soul
will never find peace

Fragment 26

Messenger will preach and preach
in the void

The fight that he both feared
and desired
will not come to pass

The crowd will desert him

He'll remain alone
tortured by his visions

Little by little he'll sink
into sand

Sun will continue to light
this ordinary horror

Night will continue to cover
this wretched outcast

Heaven remains undecided

The apocalypse will not be
a rehashing of the flood
after the destruction of sinful cities

For those who have learned to read
it will unfold
in a lost corner
in the mud of a refugee's tent
an emaciated child
covered with vermin
exhales his last breath

In the eyes
that fill half his face
there is no question
or response

There is nothing there that humanity allots
or fights over

Nothing that attaches humanity
to what we call life:
the beating of rain
as it fragrantly fills the earth
morning's window
opened to jasmine
and the biscuit streaming honey
the turtledove's pious litany
sowing trouble
in mystery's closed heart
hot bread
wrapped in a checked napkin
fruits lovingly placed on the table
a cutting of cloth
from which we contemplate a dress
before it slips down
in small knowing sips

the lingering caress
on each grain of flesh
heading towards the source of sources
the sight of the sea
after a long imprisonment
—miracle of free waves
delight on the horizon
poem clearly expressed
the cool doorstep of a house
where old days pass by
in sweetly colored dreams
the news of a despot's fall
the death of a friend
sleepless nights
when the sorrel of hope
opens its veins
poppies on the edge of the track
where the train slows down
to let an angel slip through
and refill the bag

with coins of jubilation
the hour when we're blown out
only to rediscover ourselves
reading by the candlelight of dreams
in the maze

In the child's eyes
there is only absence

There is another consciousness

The child's eyes
are not eyes

They have no tears
or eyelashes

Their icy brilliance
like a rebellious star
torn from the mold
since creation
Off course
and cross-current
sailing in the prison of eternity
in search of a crack
an escape hatch
to elsewhere

Where nothing is born
nothing changes

Beyond the ethereal
where it can instantly mine
the abscesses of life
and return to dust

The apocalypse slaves away
to make itself forgotten
only to remind us

What other ending is imaginable?

There is no ending

The nightmare
has come full circle

This is what we call eternity

An impenetrable jar
no magic will open

Boissy-Saint-Léger, September 1996
Créteil, July 1997

Fragments d'une genèse oubliée

Fragment 1

Au commencement était le cri
et déjà la discorde,

Ce qui s'est déchiré
l'hymen du feu

Pêle-mêle
le viol
les sordides batailles de la séparation
et les coups de boutoir de la solitude

Le ciel s'est retiré du feu
l'eau s'est retirée du ciel
la terre s'est retirée de l'eau
l'idée s'est retirée de la glaise
et la forme surgit
coupée en deux

La moitié fut retenue
l'autre jetée dans l'abîme

On ne pensait ni à mal
ni à bien

Qui aurait pensé d'ailleurs ?

Il eût fallu se toucher
braise contre braise
pour réveiller cette lueur dans les yeux
qui ne recule devant rien

La proie se ramollit
et se résigne
offre son cou velu
à la germination vorace
du ventre

Tout le monde bouffe tout le monde
chacun son tour
sa ruse
ses bruits infects de déglutition

Vaste était la destruction

Le têtard
dans sa mare croupie
ne pouvait pas deviner

S'il avait eu seulement une antenne
avec une petite lentille bricolée au bout
il aurait pu...
Mais à quoi cela aurait-il servi ?

La destruction
unique témoin de la destruction

L'eau revint à la charge
et recouvrit ce spectacle peu ragoûtant

Elle s'ajouta au désordre

Il y eut ces vagues sans objet

Il n'y eut plus que ces vagues
pendant un laps d'éternité

Une outre
où la masse était secouée
comme si on en voulait à ses racines

De leurs sombres mandibules
les vagues taillaient dans le vif
étouffaient les balbutiements
brassaient et rebrassaient

De quelle idée courte se vengeaient-elles ?

Elles brassaient les ruines originelles
le trop-plein de matière
le peu de mémoire

De ce chambardement naquit l'hybride
arche menacée
chaudron de folie pure

L'hybride s'ébattait
proliférait
La couleur s'inventait
par simple bruissement de la lumière

libre de sa forme
Le regard montait des tripes
Les bouches s'ornaient
qui d'une vulve rétractile
qui d'un phallus comestible
Des organes s'échangeaient
dans l'allégresse
On entendit même les bribes
d'une musique articulée

L'être sculptait l'être

La vie
sans membres
se tâtait

Il y avait comme une floraison vitale
avec un brin d'intelligence
et des amours immédiates

il n'y avait que des élans rêveurs
dans la danse des origines

Corps de tous les corps
était l'hybride
possible narguant l'impossible
marche de l'horizon vers le plein

genèse éprise de la genèse

Mais il y eut un assombrissement
des éclairs de rage
et un déluge de météorites
Cela dura
ce que durent les grandes épreuves
Alors les vagues refluèrent
abandonnant sur le terrain
le chaudron renversé
et sa population exsangue

Pourquoi cette déroute ?

Fragment 2

Le premier regard n'était pas vierge

Dans le fond de l'œil
il y avait cette image
que nous n'oserons jamais décrire

Le mal poussait dans la langue
et s'arrachait d'elle

Le vent se mit à souffler
sans raison

Il venait de découvrir sa force

Alors se produisit
l'insaisissable
Un astre perdu
retrouva son chemin
Du coup
il brilla au-delà de toute mesure

C'en était fini
de la morgue des ténèbres

On s'entretue mieux
à la faveur du jour

Le temps
fait des bonds incohérents
Il passe
et rien ne vient interrompre
le cri

La création s'écoute
écoute
sa propre litanie

Mais il y eut un grondement souterrain
un glissement de roches éruptives
un frottement de cuisses colossales
une érection incontrôlable
de bruyants ahanements

puis un giclement haut et fort
geyser étourdissant
portant loin sa semence
son âcre fragrance

Ce fut l'étonnement
et la convoitise qui s'ensuit

Le désir arrache les masques

Plus tard
avec la parole
viendra l'ennui

Lors
c'est encore la reptation
Nulle voie ne mène
à l'emplacement du cœur
Ce ne sont que vibrantes protubérances
et cavités d'écume
à foutre et à refoutre
dans la cécité

Seule malédiction
celle de la chair

Chaque fois
la terre en sortait endolorie

Les arbres pleuraient pour elle

Les arbres
première nuance
ou la dernière?

Fragment 3

Le monstre avait pris forme
dans l'innocence
l'impeccable innocence

Le monstre ne se décrit pas

Il ressemble à lui-même

Incréé
il englobe la création

De l'ange
il n'a que le désœuvrement

Il n'avance
ni ne recule

Il ne veut
ni n'agit

Il accueille avec détachement
la cohorte des convertis

Avec trois bouts de ficelle
il confectionne le ricanement

Distrait
il pousse la charrette des transgressions

Ce n'est qu'un élément parmi d'autres
improvisé comme les autres

Le monstre
ne sait pas qu'il l'est

Mais quand
le cri l'atteignit
ses entrailles en furent remuées

À ce point
le monstre était sensible
et naïf

À ce point il était redoutable

En lui
l'émotion ouvrit
un puits de haine
et ce qui lui tenait lieu de forme
devint ravageur

Décret du hazard

Pauvre monstre
promu aux sales besognes

À cette corruption
il a fallu du temps

L'illusion prend du temps
et quand elle se dissipe
le monstre est là
assis près du seuil

Il quitte son envelope
se transforme en colonne de fumée

Il se dissout dans l'air
entre par les narines

Il agit lentement

Sa chaleur se répand
monte monte
jusqu'à ce que la vision éclate
libére ses arachnides
leur flot de sang incolore

On voit alors la forme accoupie
s'acharnant sur son sosie
essayant d'étouffer le cri
mimant le premier des rituals

Tout cela
d'un air détaché
comme si la leçon
était déjà apprise

Le monstre ne décide de rien

S'il s'arme
c'est par mégarde

Cette autre facette de l'habitude

Le monstre était né
de la défaite de l'hybride

Fragment 4

L'ombre
se détacha du monstre
D'abord un vague reflet
une émanation putride du souffle

Ensuite une préfiguration de la mort

L'ombre se repaît de l'ombre
toujours flasque

Elle s'acharne dans les recoins
indique le labyrinthe

L'ombre se multiplie

Visible ou invisible
elle hésite devant les mots
transmit l'effroi
de la mémoire physique

La raison qui lui résiste
n'est pas encore née

De tout ce qui émerge
quoi est réel
quoi est irréel ?

Quoi échappe au traquenard de l'ombre ?

Le rêve aide à comprendre
là s'arrête sa vertu

On ne s'évade pas du rêve

L'oubli n'arrache pas les barreaux

L'ombre veille autour du cercle
alimente le feu
et convoque les passions

Elle montre la table des lois
pour cracher dessus

Seule loi
la dérive

L'ombre ouvre les orifices
met devant l'insatiable
et lâche les vannes

Il y eut cette course avec le corps supposé
et une vague conscience
Mais d'où venaient les images
de quelle histoire en gésine
de quel écho d'un embryon de vie ?

Ces animaux fabuleux hennissant dans le ventre
ces arbres interdits à la vision
ces lèvres dont le poison est la clé de l'orgasme
et puis ces séparations déchirantes
ces larmes doucereuses qui rempliraient des seaux
ces langues familières
dont on ne comprend pas un traître mot
ces objets désuets avant que d'être inventés
ces femelles ne sachant partager que la douleur
ces mâles squelettiques brandissant des massues
et réduits en poussière par le rire du témoin
ces ailes qui ne servent même pas à ramper
ce soleil froid qui s'immisce dans la grotte
et s'éparpille en neige drue et noire
ces voix qui susurrent
ces oreilles qu'on coupe
pour les enfiler dans un collier
ces ruades à la hanche
pour solliciter encore et encore
le petit oiseau écorché
ce filet de pus qui coule du nombril
cette odeur immonde
de la fleur carnivore
ces ripailles avec de la viande suspecte
ce roulis d'une embarcation
qui sombre dans un tourbillon de lave
ces tentacules qui s'accrochent aux étoiles
au moment de l'étouffement
ce gong ébréché du cœur

D'où veniaent les images ?

L'ombre
reine des sensations

Èmissaire de ce qui advient
avant d'être écrit

Rivale du temps
artisane de sa fiction

L'ombre
autre cycle du monstre
descendu sur terre

Fragment 5

Au commencement était le cri
et déjà la discorde

Il eût fallu un survivant
d'une autre ère
d'un autre univers
sans lien avec la débâcle

Il eût fallu un savant de l'écoute
et qu'il s'abreuve du cri avant de dire :

Le cri ne s'entend pas
il est antérieur à l'ouïe

Le cri n'est pas de ce monde
où la vue
n'est encore qu'une supposition

L'odorat ne suffit pas à le capter

Le cri est une latence
une prémonition

De son prétexte
il ne sait que la nécessité

De sa longévité
il ne connaît que la longévité

Le cri est l'autre lumière
et surtout son voyage

Nul ne l'a enseigné
nul ne l'enseignera

La parole l'écourte
quand elle ne le travestit pas

L'aube est sa demeure
la nuit son territoire

Les révolutions le couvrent un peu
si peu

Au milieu du désastre
il retient son souffle

C'est qu'il a de la décence le cri

Il est le sens
qui mûrit dans l'effroi

Le message qui s'autodétruit

L'art qui ne pose pas

La vérité malheureuse

L'arme de la douceur

Le cri n'est pas de ce monde
et il n'est pas du sien

Il est le paradoxe obscur
des amours trahies
et de la mort bruyante

Le cri voit
et ne peut rien

Il ne va pas jusqu'à s'écouter lui-même
s'admirer

Le cri est veuf à la naissance

Il craint le silence
parfois s'en délecte

Au commencement
il était
mais il n'est encore
que l'écho imperceptible d'une vague rumeur

Parviendra-t-il ?

Fragment 6

Ce fut la saison de l'attente
dure
longue saison
torride hiver coalisé contra la germination
le délire inventif des fièvres

Rides du nouveau-né

L'attente avec ses airs de deuil
sa tristesse épanouie

Solennelle attente
entre vide de l'acte
et raison vide

Seul pouvoir en ce bas-monde

Ce qui naît attend
ce qui meurt attend

Espoir et désespoir
font illusion

Il n'y a que l'attente
et son énigme

Les questions bouffent les questions

Ce qui en subsiste
un piment oiseau sous la luette
un signe de malédiction formé par des cailloux
qu'on lance et relance
pour tuer le temps

L'attente
suaire brodé depuis l'enfance

Volé
à l'heure de l'agonie

Peu à peu
l'attente éteint l'esprit de rébellion

Rien ne ressemble à une minute d'attente
qu'une autre minute d'attente
Un consommé fade
ridicule dans son inconsistance
suspendant jusqu'à la nausée

Dure
longue saison
où s'imaginent à peine
un cercle pâlissant de feu
une farandole d'étoiles exténuées
un théâtre d'ombres
où des acteurs réquisitionnés
déambulent sans foi ni grâce
ânonnant un texte dont ils ont oublié la moitié

quelque chose du genre :
Gloire à toi ô bourreau attendu
juge suprême du dénuement
amant-violeur de la durée
Libre à toi de faire peindre la misère
par les misérables
et de tenir en laisse
le chien de la miséricorde
Tu es...
tu n'es pas...
tu es...
tu n'es pas
Gloire à toi
ô saltimbanque en chef

Et l'attente se rengorge
étend ses ailes soporifiques
coupe le peu de lumiére
avant de lâcher sa fiente
sur la vaste prison de l'âme
et sa multitude prostrée

Dure
longue saison
offrant cette paroi visqueuse
où l'on ne peut enfoncer un clou
suspendre des amulettes
ou se cogner la tête

L'attente
plus haute souffrance
moins
la dignité

Et le plus douloureux
— on le saura
c'est qu'elle ne tue pas

Fragment 7

Alors le désert survint
d'une chiquenaude enjouée
Il poussa
Sa couleuvre nonchalante se déroula
s'étendit
sur le quart oublié
et le tiers vacant

Puis il ne sut que faire de son royaume

Ni vieux ni sage
le désert
plutôt hésitant

Sa page était la plus blanche
la plus menaçante

Il hésita sans compter

D'où la prophétie

La certitude est l'apanage des hésitants

Celui qui transmet la parole
renonce
à sa propre parole

Le scribe
se prostitue pour rien
et il en est heureux
le bienheureux

Le désert n'anticipe pas
il fabule

Faute d'idées
il dort beaucoup pour s'inspirer de ses rêves

Faute d'agir
il se voit agir

Voilà qu'il revêt la fameuse cape
verte de l'extérieur
rouge de l'intérieur
voilà qu'il emprunte sa flûte au vent
et se met à en jouer comme d'une trompe
voilà qu'il sème des graines avariées
pour la récolte insensée des mirages
voilà qu'il fait réserve
de moult ustensiles d'étoiles
pour la cuisine inspirée
de l'espèce errante
voilà qu'il tombe et se relève
dans sa course vers la matrice
cette grotte où il lira
ce qui lui sera dicté
voilà qu'il en sort
étendu sur le palanquin de vérité
porté par des anges noirs
oui noirs

Le voici avec sa barbe
ses mèches folles et son gourdin
au milieu de son armée invisible
et l'escorte céleste
d'oiseaux mastodontes tenant des engins meurtriers
entre leurs serres

Voilà son message
ambigu et sans appel

Imprévisible désert !

Il berce la créature
pour la détacher de l'attente
et lui faire miroiter la venue

Il laisse les tombes ouvertes
pour la routine de la résurrection

À sa manière
il improvise

En cela
il reste juvénile

Sa première page se remplit à peine
d'une écriture assez illisible

Et le sable qui s'en mêle
avec sa manie de la propreté

Le silence qui ne desserre pas son étau
ferme la marche
à double tour
pour que le désert retourne à lui-même
retrouve son hésitation
la somnolence de sa couleuvre
et la fraîcheur de sa malice

Fragment 8

Comment décrire la créature ?

La matière dont elle fut façonnée
rend perplexe

Il a fallu l'extraire
tel un cheveu de la pâte
qu'une main d'acier s'en saisisse
et l'introduise dans le chas de l'aiguille

Il a fallu
séparer le jour de la nuit
la bulle d'air de la bulle d'eau
le monstre de l'ombre

La roue se mit à tourner
ne s'arrêta plus

À chaque raffinement
la créature en redemandait
comme si elle avait un droit de regard
sur sa conception

Boulimique la créature
Elle exigea des organes supplémentaires
des facultés réservées
des dons jusqu'alors chichement répartis

et quand ses désirs n'étaient pas satisfaits
elle n'hésitait pas à chaparder

À la mer
elle subtilisa la conque
et se dota de l'ouïe

Pour la vue
elle demanda qu'on la lui fasse venir
du désert
et de nulle part ailleurs

Pour le sexe
elle obtint les performances de l'hybride

Elle exigea qu'on amputât du toucher
le monstre
estimant qu'il avait assez du reste

De l'ombre
elle n'eut aucun mal à obtenir le goût

Quant à l'odorat
elle l'avait déjà à profusion

De fil en aiguille
la créature aspira à la perfection
Elle voulut
des miroirs dociles

des outils intelligents
des fruits
des proies
des compagnons de plaisir et de solitude
un calendrier
des instruments de musique
un récipient pour garder le feu
une réplique moins brûlante du soleil
de la peinture pour inventer des histoires
Elle eut même l'idée
du poisson et de l'hirondelle
vu leur grâce

Parce qu'elle se savait vulnérable
elle était capricieuse

Parce qu'elle se savait éphémère
elle conjugua l'éternité au présent

Fragile
la créature fut prolifique

Elle occupa les abords
les rives

les cirques naturels
les criques abandonnées par le ressac
les savanes protégées du désert

Elle aménagea des chemins
pour lutfer contre le répétition
des abris pour pouvoir compter la marmaille
et savourer la chaleur des nuits

Elle dut se battre contre le friable de la réalité

Tant de forces lui échappaient
tant de souffles maléfiques

Et puis ce cri
venu du commencement
qu'elle ne tarda pas à reconnaître
Augure strident
de l'errance

Fragment 9

La créature
se mit à manger
sans sel
les excroissances qui recouvraient son corps

Cela ne calma pas sa faim

De cette frustration
fut engendrée la horde

Il y eut
un autre cycle de ténèbres
comme si en proie à une grosse fatigue
le tout jouait de nouveau son aventure
sur un coup de dés

L'intuition
cette fatalité en marche

Branle-bas du vent
à l'affût de l'aubaine
l'arbre cosmique fut pris de convulsions
le grand roulis s'affola
l'eau en devint noire
le voile recouvrit la voûte
et l'assise

La nuit retrouvait ses couleurs
son masque

Elle mit les bouchées doubles

À l'aveuglette
elle traça le cercle des pulsions
y entassa la horde

La promiscuité fit le reste

Corps multiple
la horde se déchaîna contre elle-même

Il y eut ce battement de scalp
tendu sur l'arène
cette danse des membres et des organes
ces morsures ambiguës
ces moulinets de verges
et ces rebonds de croupes fortement épicées
ces pénétrations sourdes entrecoupées de déjections
ces relents fauves de chairs étourdies
ces écoulements du crâne
ces râles de strangulation

Puis la horde se releva
à l'appel d'une autre transe
La volupté veut la vérité
elle veut le sang

Tam-tam des veines jugulaires
flamme des yeux sous le bandeau
salive sans retenue
langue pendante
le premier attrapé sera sacrifié
un petit doigt qu'on arrache
pour le mettre dans la marmite commune

La horde se pourlèche
se cure les dents

Et la frénésie la reprend

Il faut qu'elle se lacère et se flagelle
On ne sait plus qui donne les coups
et qui les reçoit

La horde ne gémit pas

Le mal sait où frapper
pour expulser le mal

La poitrine devra se calciner
jusqu'à l'apparition des viscères
le crâne tondu
sera béni par le tranchant de la hache

la bouche rincée par les braises
Ahan Ahan
le corps plonge et replonge
dans sa flaque d'énergie
les blessures boivent et se referment
le corps rebondit
encore plus meurtri
encore plus assoiffé

La transe n'est qu'une chaîne
qui attache encore plus à la folie

L'accalmie est trompeuse

Même dans la nuit
l'ombre est là
tapie derrière le cercle

La horde le sait

D'où
la tragédie

Fragment 10

Le ciel
avait sombré dans l'oubli

De tous les protagonistes
il fut le moins intéressé

Il sortit du feu comme purifié
et prit son ascension

Il s'éloigna des turpitudes
du fracas
des luttes intestines

Se contenta d'être

Il en va ainsi de l'exil
doux-amer

La fenêtre de l'enfance
reste entrouverte
Le jardin est irréel
avec ses arbres d'une essence disparue
ses jeunes filles métamorphosées en tourterelles
ses allées et venues à voix basse
ses troènes et ses citrons sucrés
son chèvrefeuille poussant aux interdits
son horloge de pierre

en pourparlers avec le soleil
sa chèvre aux sabots d'or
ses peaux de cuir étendues entre les tombes
ses araignées tisserandes
son couteau ouvert
encore imbibé de sang

Le jardin est irréel
mais il est la seule réalité
quand la terre se dérobe
et s'éloigne tel un voilier fantôme
quand les bras se détachent du tronc
et les jambres s'enlisent dans la distance

quand la vue atteinte par l'âge
ne sait plus puiser que dans la mémoire
quand le réveil ne réveille pas
et que l'acte se fige au bout des doigts

L'exil et sa grammaire compliquée
ses verbes tous irréguliers
ses mots qu'il faut d'abord traduire
avant de les lâcher dans la phrase
ses affres et ses jubilations
inavouables

Mais le ciel n'était qu'un débutant
Il n'avait pas choisi
récusé son choix
puis de nouveau choisi
pour finir
aux abords de l'errance

Il s'essayait à la séparation
le bel adolescent

Il recherchait la musique qui fend l'âme
et console de l'incompréhension

Il toisait la solitude
pour s'assurer de sa taille

Il se demandait :
Si l'univers est à ma portée
où est mon centre

Si je sais d'où je viens
où vais-je

Si je parle
qui m'entendra

Si j'aime
qui aimerai-je
et qui m'aimera ?

D'une éclipse l'autre
il se contredisait

D'une question l'autre
il s'étiolait

De ses soupirs
les cumulus se sont formés

De ses larmes
soigneusement cachées
furent baptisées les étoiles

De ses déchirements
s'enhardit le mouvement

Le ciel et son vertige

Là où il était
la mort avait la tâche facile

Elle revêtait les atours de la grâce

Celui qui aspire à son étreinte
ne sera plus dépossédé

Il s'unira au sens qui échappe
et connaîtra le voyage magique

Il fera taire le cri

L'image qui ne peut se décrire
s'évanouira

La chamade battra
pour le visage délivré du désir
de la peur
rendu à la paix

La fin sera vraiment la fin
sans fioritures
un achèvement
pour faire de la place
Aussi simple qui cela

Le ciel et ses jérémiades précoces

Fragment 11

Le cri se tut

Et l'écho avec

Le voile prodigieux du calme recouvrit tout

Nul souffle
nulle vague
nul envol

Laps de doute
ou retour à l'originelle paresse
la féconde
d'où la beauté tient sa langueur
ses jambes arquées
ouvertes à la houle
ses chevilles de necta
humectées

Ô silence
faille si rare
où se reposer de la vie et du trépas
des batailles pour un oui ou pour un non
des petits actes qu'on croit grands
de l'engrenage désirant du corps
des pas qui n'écourtent le chemin
que pour creuser l'éloignement
des lourdes secondes battant sauvagement les cadrans

de l'âge qui s'enroule comme un parchemin
rongé par les mites
des bancs rappelant peu ou prou
les orders tyranniques de l'attente

Ô silence
quand tu ne manges pas du pain de l'oubli
et que tu règnes avec justice
sans glaive ni tambour
sans même le cliquetis de la balance
et la vibration inquiétante de l'aiguille

Tu n'es là
que pour un laps
D'un sourire amusé
tu en avertis les crieurs et les chalands

Tu passes vite
pour que personne n'ait l'idée
de t'élever au rang de dieu

Tu prends le contre-pied du mouvement
pour ne pas être dans la course
et tu dispenses
ce qui n'est ni bonté
ni châtiment
une simple faille
entre deux tumultes triomphants

Mais la faille est invisible
imprévisible
et quand on la découvre

par le plus grand des hasards
on se sent démuni
stupide

Paix sur la chrysalide de l'aube
sur la source assoupie
bercée par son chant
sur les mains jointes
sous les draps fleurant l'étreinte

Paix sur les hauteurs
en leur solitude consentie
sur les ruines faisant face à la mer
sur les ailes du phénix
imitant l'arbre

Paix sur le feu
se prélassant sous la cendre
sur les tombes fraîchement arrosées
et se préparant à un long siège
sur la grotte de l'âme
où les ombres ont cessé de danser

Paix sur toutes les blessures
le sang arrêté
les lames rouillées

Paix sur les mots en mal de géniteur
sur les couleurs
qui n'ont pas encore trouvé leur musician

sur les suicidés
qui ne laissent aucun mot d'adieu

Paix sur l'ici et le là-bas
sur l'avant et l'après
le connu et l'inconnu

Mais tu n'es qu'un visiteur pudique
ô silence
un mystère de plus qui nous ronge

Et si tu n'étais qu'un messager du cri
humble
si humble
que la moindre maladresse
fait voler en éclats
ton verre de cristal
avant que nous ayons pu
y porter nos lèvres ?

Fragment 12

Tout dort maintenant
de l'algue au ciel
du monstre à la fourmi

Le beauté est en visite

Elle ouvre son sac
sort un à un ses instruments
sa panoplie subtile
cordes
pinceaux
plumes
herbes
cailloux

Elle se penche sur le berceau

Ne fait pas mine de s'étonner

Elle accepte le présent
tel qu'il est

Ne juge point

La tâche est immense
mais elle a le temps

Avec la beauté vient la patience

Son œuvre est si fragile
si incertaine

Surtout pas d'affirmation

Chaque touche en efface une autre
pour mieux la fixer

Loin d'elle l'idée de s'insurger
critiquer
encore moins corriger

la beauté n'ajoute pas
ce qui existe lui suffit

Elle choisit sans oublier
sans mépriser
ce qu'elle laisse de côté

Elle traite la laideur avec considération
lui tend la perche

Tous dorment maintenant
côte à côte
dans le berceau
le loup et la brebis

l'idée et l'ombre
le désert et le ciel enlacés
la créature bouche ouverte
la horde repue

La beauté travaille en silence
à l'abri des regards

Ce qu'elle réalise
doit passer d'abord inaperçu
jusqu'au jour où sa présence s'impose

Étonne sans détonner

En cela

elle reste libre de se donner
ou de se refuser

Elle prépare la recontre
et se retire
pour ne pas déranger

La beauté n'aime pas festoyer
Elle a le vin triste

Les compliments la font douter d'elle
l'éclaboussent

Sans être prude
elle évite les attouchements

De toutes les offrandes
elle préfère celle des yeux

Tous dorment maintenant

La beauté se penche sur le berceau

Elle scrute la cime
abouchée à l'abîme
s'émeut
aux imperfections de l'être
au désordre qui le ronge
aux violences qui l'attendent

Elle sait qu'elle n'y peut rien

De pouvoir
elle n'a que celui d'être hors de portée
des pouvoirs
et de faire passer ce petit message
au cas où
Du fleuve calamiteux des destinées
elle ne peut inverser le cours
mais elle rapelle le ruisselet miraculeux
qui s'étire parallèle
narguant la fatalité

Au ruisselet
elle donne le nom curieux
d'amour
et se met au travail

Fragment 13

De nouveau le cri
comme au commencement

L'œuvre ramène à la discorde

Graine de météore
elle traverse le chaos

Parvenue sur la terre ferme
elle plante l'arbre du vertige

En sortiront
les oiseaux apeurés de la connaissance
les tortues de l'endurance
les gazelles agiles de l'intuition

En sortiront
harnachés
les chevaux de la vision
puis les arachnides du langage
le sexe différencié de la femme

En sortiront
les fuseaux de la mémoire
les moulures
le mètre
le diapason

l'essence du blanc
et la série complète des miroirs

Le silence n'est plus qu'un souvenir

L'œuvre tangue
au milieu du vacarme

L'océan lâche sur elle
ses écueils
et de rivages
ne lui offre point

Le soleil la boude

Le feu lui tire la langue

Le vent la suit à la trace
pour disperser ses traces

Le désert émet son ricanement de chacal

Le ciel est trop jeune pour comprendre

L'œuvre avance
sur un fil
tendu entre deux nuits
deux infinis
qui se regardent en chiens de faïence

Hors de question qu'elle tombe
même si elle doute
même si le fardeau est trop lourd

Pourtant elle doit regarder
loin derrière elle
loin devant elle
n'oublier
ni le gouffre de droite
ni celui de gauche
garder un œil sur ses pas
l'autre sur la flamme vacillante
du bout du tunnel

L'œuvre et sa soif impardonnable
la lâcheté de ses juges
à l'affût de la défaillance

Ses cris de jouissance honteux

Mais le prodige est là
ô création brouillonne !

L'idée est belle
parce qu'il n'y a pas d'intention

La partition sera libre

Ses notes ne naîtront
que pour faire naître

Trépidante au début
elle s'arrêtera un moment
pour reprendre haleine
et nuancer son étonnement

Sa jubilation sera pure

Elle ne tombera pas
dans le piège du miracle

Ce qui naîtra
participera de la lumière
inscrira sur la page blanche
les premiers vocables de sa comptine

Surtout pas de chants de gloire
de célébration bruyante

Naître est un prière silencieuse

Pourquoi remercier
Et remercier qui ?

L'œuvre est rêveuse
distraite comme pas possible

De ses avènements
les plus heureux
sont les fruits du lapsus

L'œuvre évite de se regarder
quand elle enfante

Sa progéniture le fait pour elle

Un seul regard suffit
et elle vole déjà
de ses propres ailes

Fragment 14

Nous voici
devant la fresque
qui va délier la langue

Elle n'apparaît
que pour disparaître

Déjà cette lutte contre l'amnésie
avant
bien avant
les contorsions de l'aède

Qui osera soulever le voile
et de ses yeux nus
tenter le premier regard

Survivra-t-il à l'éblouissement ?

La face est offerte
réconciliée

C'est le moment de la prière
et du baume

Le cri se fera psalmodie
rejoindra la celebration

Tout ce qui a accédé à la création
se donnera la main

Aube inaugurale
les douleurs se sont calmées

Tu viens de naître
homme
et c'est à toi que la fresque est dédiée

Qu'as-tu fait pour mériter cet honneur ?

Rien
justement rien

Tu es venu au monde
par ce désir archaïque des sources
se languissant de la source

La vie ne t'a pas calculé

Embryon de plénitude
tu t'es laissé tenter
par une vague promesse
puis le cordon fut coupé

Tu viens de naître
homme
et les douleurs se sont calmées

Entre toi et la fresque
le voile obligé

Tu entr'aperçois
essaies de deviner
sans savoir que la vision se forge ainsi

Dans cet effort
tu rejoins tes semblables

Aube inaugurale
aube bénie

La fresque danse pour toi
elle se raconte et te raconte

Comment garder ce trésor d'images ?

La couverture crasseuse
apporte un peu de tiédeur
à tes membres transis
gluants de bave et d'urine

Les bruits de pas
ont traversé ton cœur
et se sont éloignés dans le couloir

Le pain rassis
qui te sert d'oreiller
te donne une folle envie de café

La belle amertume taquine tes papilles
te fait pousser la fenêtre du matin

Doucement
entre toi et la fresque
le voile obligé

Écarte ta main
laisse passer la raison
se refroidir la braise

Apprête-toi à la découverte pure

Tu n'as pas choisi
homme
et tu n'as pas été choisi

Tu es tombé du ventre
au moment où la douleur brouillait tout

Doucement
violà que tu respires
tes paupières s'entrouvrent

Toi
si chétif
boule flasque et sanguinolente
jeté dans une cave sans issue
tu frissonnes du fameux frissonnement
celui
qui précède la vue

Le ciel s'étire
tournoie dans ta tête

La fresque apparaît
et disparaît
elle parle en toi

d'elle
et de toi

Le premier homme
est aussi le dernier

Il en va ainsi de chaque homme

Fragment 15

Qu'as-tu entendu
et qu'as-tu vu
homme de la fêlure ?

Dis
dis
ou alors récite

Si tu ne parles
le monstre sera absous

L'ombre ne fera qu'une bouchée de la fresque

Le rapt qui fut une règle
sera la règle

Entre nous
grandira le champ de l'oubli
À ses herbes folles
rien ne résistera
ni la distance
ni le mouvement
ni même les fourberies du désert

L'effacement
atteindra le corps et la vision

Ceux qui naîtront après
renieront ceux d'avant
et se renieront eux-mêmes

Le fils deviendra un loup pour son fils

La mère sera battue à mort
après l'enfantement

Une pluie acide s'abattra
sans discontinuer
sur le plein et le vide

Elle coulera dans la sueur
le sperme
les larmes

ravagera les fronts
les sexes
les visages
et de mille dards
déchirera la matrice

Parleras-tu
homme de la fêlure ?

Dis au moins ce que tu as cru voir

Ton témoignage serait fragile
et alors?

On ne te demande que ta vérité
si petite
mais c'est un bout de vérité

De quoi as-tu peur
de l'inutilité
ou de la certitude

Ne sais-tu pas que le silence
est un mensonge par omission ?

Ô parole
sois juste
viens au secours du désemparé

Prends-le par la main
guide-le dans cette nuit du sens

Rapproche le voile
pour qu'il y imprime sa face

Mets entre ses lèvres
ta perle brûlante
enduis sa langue
de l'élixir qui allège les fardeaux

Ne sois pas frivole
comme tant de déesses défigurées par l'orgueil
n'ajoute pas de vains mystères

au mystère de ta conception
et parmi tes vertus proclamées
n'oublie pas la compassion

Parleras-tu
homme de la fêlure ?

De ton secret
tu es le maître et l'esclave

Saisis ce laps de conscience
dénude ta poitrine
masse tes mamelons
desserre les dents
laisse monter à tes lèvres
grappe après grappe
le flot des chrysalides

Dis
et réjouis-toi de dire

Fragment 16

Et d'abord
quelle langue
décrira ton éblouissement

Celle des morts
qui n'ont cessé de rêver
ou celle de ton délire
devant le délire
de ce qui t'est dicté ?

Questions idiotes

Dans le cimetière des mots
tu es jardinier
berger des nues
convoyeur de l'ondée
et veilleur de racines

Tu fais fleurir les tombes
pour que les pâturages de la vie
en prennent ombrage
et décrètent la résurrection

De ton babil
éclosent des papillons écrits
une volée drue de calligrammes

Ils forment un obélisque
où s'inscrivent
toutes les langues à venir

L'obélisque grandit
monte vers le grenier des étoiles

Le ciel en est ahuri
mais n'en est pas jaloux
contrairement à la légende

Il ouvre ses bras
à cette myriade de signes
et gagne en sagesse

Ainsi
tu as traversé la fresque
homme de la fêlure

Tu voulais voir et savoir
et te voilà de l'autre côté
de la lumière

Dès que tu as parlé
la fresque s'est évanouie

Maintenant
la nuit descend en toi
lentement

Du pas de l'aveugle
tu marches

Tes mots sont ta canne
l'effluve de ton passage

Tu découvres que tu as des mains
non le long du corps
mais devant
derrière
telles des rames

La barque de ton corps
est d'une chair épanouie
experte en désir
et mémoire du désir

Elle ignore la destination
glisse
hors des temps

Qu'il vente ou pas
elle va
par venelles et ruelles
au-dessus de l'air et sous l'eau
poussée par les youyous des sirènes

Elle fend la cité engloutie
passe entre deux rangées
de pur-sang pétrifiés

et lâche dans son sillage
la guirlande des noms

Les odeurs envahissent ta barque
tes odeurs depuis les langes
aigres ou capiteuses

Tu te guides à l'odeur
pour écarter les frelons de l'oubli
et accélérer ta marche

Tu cherches la tombe
où tu vas trouver ton berceau
et le berceau sera recouvert
par le foulard jaune de ta génitrice
Clous de girofle
carmin imbibé de salive
écorce de noyer
antimoine poivré
Ô mémoire
soleil vert de ses yeux

À côté du berceau
des babouches jaunes
menues

Celui qui les a ôtées de ses pieds
a pris ta place
sous le foulard

Sa barbe et ses ongles
ont poussé
mais il a les joues roses
d'un jeune marié
fermant les yeux après l'étreinte

Il dort sans respirer
et se repose pour toi
Ô mémoire
mains jointes de sa douceur

De cette fontaine
coule ton élégie

Fragment 17

Au commencement était le cri
et déjà la discorde

Voici l'homme
l'héritier
doutant de tout
aux prises avec lui-même

Il parle
la peur au ventre
la bouche de travers

Il crache ses mots
vide l'abcès de son crâne
de son foie
dans le grand entonnoir de l'indifférence

Il parle
ou se parle
comme s'il se donnait des gifles
et s'esclaffait de sa trouvaille :

Homme dites-vous ?
Admettons

Je mets par commodité ce nom
sur mon visage

prends la place designée
dans la barque

Que peut dire un galérien
de ses chaînes
de ces genèses apocryphes
au bout desquelles
il se retrouve
dans la même arche trouée
avec les mêmes compagnons d'infortune
drogués
guettant en vain la terre promise ?

Tant de chaînons manquent

à la belle aventure
et je suis le chaînon de trop

Il suffit que je bouge
que j'inspire ou expire
pour que l'harmonie se rompe
et qu'une chape de laideur
s'abatte sur la tendre palette de l'aube

Il suffit d'un lapsus
d'une bulle qui crève
dans la mare délétère de mes manques
pour que le monstre se réveille
et bondisse dans l'arène
affamé
inventif
amoureux à l'insu de sa proie
plus vif que la gazelle de l'utopie

Il suffit d'un faux pas
d'un moment d'inattention
pour que le sablier de ma mémoire
se renverse
et que je m'ebranle à reculons
vers ma mort
en un vagissement de bête blessée
par la vie

Il suffit d'un passage à vide
pour que je me méprise

D'une nuit blanche
pour que je change de couleur
de religion
et d'habits de clown

Il suffit d'un tremblement
aux contours des objets
pour que la connaissance s'envenime
et m'apparaisse le gnome du ridicule

Il suffit d'une seule confidence
pour que je me retrouve
sans défense

nu
malade de ma vérité

Homme dites-vous ?
Admettons

Je me joins au troupeau
qui s'achemine gaiement vers l'abattoir
et je bêle à pleins poumons

Ma petite cervelle de mouton
ne m'avertit pas du danger

Et la rumeur court
s'amplifie
L'heure a sonné
c'est le jour des comptes et châtiments
Voici la balance
les videurs du paradis
les péripatéticiennes de l'enfer
et le visage hilare du dieu vainqueur

Courage ô mes brebis
nous mourrons à quatre pattes
dignes
comme il sied à l'espèce des ruminants

Fragment 18

Homme dites-vous?
Admettons

Mais de grâce
arrêtez le panégyrique

L'idée fut peut-être belle
mais il y a loin de la coupe aux lèvres

Dans l'épicerie exiguë de la création
je compte et recompte

Avec le peu de science qui me caractérise
sans fil ni cailloux
j'aborde le labyrinthe

L'entrée
est indiquée par un texte
écrit dans la langue oubliée
maudite

Ce ne sont que pattes de mouche
sur un talisman jauni par les fièvres
et leurs sueurs

Tout est là paraît-il

Les prétendus commencements
et la fiction de l'achèvement

Tendue
entre deux poteaux
la chaîne rouillée de la vie

Quelque part
vers le milieu de la chaîne
un point noir
à peine une tête d'aiguille
contient mon histoire

Pourtant je m'obstine

Les indicateurs sont faibles
et je m'obstine

Le savoir limité
et je m'obstine

Le temps compté
et je m'obstine

Car je suis petit petit
encore plus petit que la tête de l'aiguille

Au moment de soulever le point
je suis presque invisible

Voilà
Je m'y suis introduit
et roule
comme une bille de mercure

Étrange labyrinthe
qui ressemble à mon corps

La sensation d'y être
et de ne pas y être

Des galeries tortueuses
où l'on se guide
au bruit du sang qui suinte

Des cavités où se nichent
les organes en déshérence

Des odeurs ayant atteint la perfection

À chaque pas
quelqu'un
qui de dos me ressemble
se détache de moi
et me devance

La file de mes sosies s'étire
me projette en arrière

Nous évoluons avec l'art consommé
de la fourmilière

Où est ma place dans la colonne

Quel est mon rôle ?

J'ai la bouche sèche
le froid vertige
du captif qui s'apprête à s'évader
du pénitencier de son crâne

La dislocation a une couleur
et c'est le blanc

Une légère nausée l'accompagne

La rupture est consommée
sans larmes
ni déchirement

Plutôt une colère sourde
une hostilité dans les pupilles
virant au rouge mâtiné de jaune

Une fois le pas franchi
l'évadé n'a qu'une envie
se délester de sa moitié affreuse

et sauter par-dessus bord
fouler la terre spongieuse
de l'absence

Étrange labyrinthe
qui ressemble à mon corps

Et ne m'offre nulle évasion

Fragment 19

J'ai appris à lire et à écrire
pour mon malheur

Que disait le texte
gribouillé dans la langue oubliée
maudite ?

Seul l'évadé pourra le déchiffrer

Tends-moi la main ô mon frère proscrit
Je n'ai pas ton courage
car j'ai encore peur pour les miens

J'ai peur de ne trouver auprès de toi
qu'un paysage minéral
sans la caresse de l'amie
ni la fille prodigue du raisin

J'ai du mal à quitter
ce qui me fait mal
et me dresse contre le mal

Frère
tends-moi la main
non pour m'attirer à toi
avec ta violence légendaire
mais pour m'offrir la clé
dont tu n'as que faire

Toi
tu es libre maintenant

Dégagé de la connaissance
et du sens

De la lutte
et de la représentation

De la vérité
et de l'erreur

De la justice des hommes et des dieux

Dégagé même de l'amour
et de la ménagerie des désirs

Tu manges peu
et bois à peine

Tu ne redoutes plus les yeux inquisiteurs

L'apaisement t'indiffère

Tu n'attends plus du soir
le supplément d'âme de sa musique
et de l'aurore

ses promesses rarement tenues

Ta couche
c'est là où te surprend le rêve
où tu te meus avec des ailes ou sans

Un coin frais
derrière une porte
sur un banc
tout lieu est le lieu
où viennent s'offrir à toi les prémonitions
d'une vie
que l'on n'a pas besoin de vivre
pour en être rempli

Qui aurait l'idée de t'enseigner
de te convaincre
toi qui as cessé de vouloir convaincre
et ne parles
que pour les reptiles facétieux de ta tête

qui pourrait t'en vouloir
toi qui as renoncé à tout ?

Fragment 20

Je te connais bien mon frère

Nous nous sommes rencontrés souvent
au fil des épreuves

La première fois, c'est le tortionnaire qui nous a
présentés l'un à l'autre. Même avec le bandeau sur
les yeux, nous nous sommes reconnus. Puis je t'ai
entendu crier, crier, et j'avais hâte de prendre ta
place, d'offrir ma chair à l'insupportable qui vrillait
ta chair.
Plus tard, nous nous sommes retrouvés dans
l'attente. Le mur qui nous séparait était si friable.
Nous en avons fait un cahier de musique. Chaque
nuit, nous échangions de sobres partitions :
-Qu'as-tu mangé
-Que lis-tu
-As-tu reçu une lettre
-Qu'as-tu vu dans la lune
-Le moineau à la patte cassée t'a-t-il rendu visite
-L'aimée a-t-elle répandu du parfum sur ton
oreiller ? Lilas ou jasmin ? Musc ou ambre ?

Parfois je t'entendais crier dans ton sommeil et je
revivais la scène. Toi ou moi, aux prises avec la
forme et son ombre. Ta poitrine ou la mienne
ouverte par un rat-chirurgien fouillant dans nos
viscères, cherchant on aurait dit à extirper notre
âme.

Bien plus tard, c'est dans un desert glacial que
nous nous sommes croisés. Un écran de neige nous
séparait, et nous avions du mal à trouver belle la
neige. Ta bouche nommait l'exil avant d'être
scellée. Et sur tes yeux, je voyais palpiter le
papillon de la dernière image. Une terrasse blanche
où pousse cette plante aux fleurs jaunes appelées
« crottes de chat ». Faute de maison, une terrasse
chaulée où flotte le linge de l'enfance telles les
voiles du prodigieux navire.

Je te connais bien mon frère
et tu me connais

aussi bien que la poche lourde
aqueuse
de ta tête

Alors
tends-moi la main
donne-moi la clé
dont tu n'as que faire

Fragment 21

Je suis à l'intérieur du point noir
petit petit
et grand grand

Mon frère l'évadé
ne m'a pas tendu la main

Peut-être n'avait-il pas la clé

Aucun fou n'est parfait

J'attends l'illumination

Je ne l'attends de personne

Si elle vient
je trancherai le nœud gordien

Si elle ne vient pas
j'aurai au moins hanté le labyrinthe
couvert ses parois
d'écritures de mon cru

Vaines ou pas vaines
c'est selon

Lisibles ou illisibles
ce ne'est pas à moi d'en juger

Un talisman de plus
pour le naïf ou l'imprudent
qui voudra lui aussi tenter sa chance
le diable qui le suit à la trace

Mes impatiences
m'ont appris la patience

La bêtise
m'a inoculé la science exacte du rire

Je lis pour oublier
et m'enivre pour être lucide

L'amour est ma religion
comme on le dira plus tard
après moi

J'ajoute que c'est mon opium
et non celui du peuple
hélas

Rien ne m'étonne
au point de m'émerveiller
hormis la femme

Tout dans l'homme
je veux dire le mâle
m'agresse et m'afflige

De cette traversée interminable
depuis le cri inaugural
jusqu'aux bouffonneries actuelles
je retiens
non ce qui a triomphé
mais ce qui a point ça et là
a faille éclairer
puis s'est perdu en chemin

Le film est mauvais
un défaut de montage
un texte qui ne tient pas ses promesses
des images fallacieuses
des maquillages grossiers
une musique bruyante couvrant les dialogues
des acteurs survivant au ridicule
un réalisateur bouffi de suffisance
une machine à faire du fric
et asseoir le pouvoir débile-débilitant
des assassins tapis dans les coulisses

J'enrage
sans grace ni rhétorique
remets à plus tard
l'alchimie du verbe
le ragout subtil des metaphors
le soufflé abrasive de l'épopée

Fragment 22

Homme dites-vous ?
Admettons

Ceci
ou autre chose
à quoi bon se torturer ?

Peu importe l'enveloppe
l'étiquette
le masque que l'on ne peut plus ôter
sans décoller la peau

Je fais face
faussement serein
mais je fais face

Dans ce périple
je n'ai choisi ni la monture
ni l'itinéraire

À peine si j'y ai mis
mon grain de sel

Je me suis rendu invisible
pour essayer l'autre regard
et ne pas me voir du dehors
pantin parmi les pantins

Je compte derechef les jours

Diable ce qu'ils sont longs
et affreusement courts

De banalité en banalité
Je m'étiole
me rétrecis

Je suis là
dans la marge qui m'a choisi
tenant à la main
ma fleur
poussée dans le béton

Qui voudra de ma fleur ?

Personne ne m'appellera ici
par mon nom
ne poussera ma porte
pour demander de l'aide
ou une pincée de sel

Il pleut
et fait soleil
bonnet blanc et blanc bonnet

Le vent n'a pas de voix

Les oixeaux se cachent
pour chanter

Les volcans sont loin
les séismes frappent ailleurs

Dans la rue
les passants
y compris les chiens
ne sont que des passants

Faute d'un visage rayonnant
je dis bonjour au magnolia du coin
à la branche de menthe plantée hier
à la chaise vide devant moi

Est-elle vraiment vide ?

Je sais que non

Nombreux sont ceux qui viennent s'y asseoir
sans rien dire

Chacun d'eux
a pris de moi quelque chose

Curieux cette façon qu'ont les fantômes
de vous piller
et de vous rappeler vos défauts

Je vis et laisse vivre

La chaise est solide
elle nous survivra à tous

J'écris
je ne sais dans quelle langue
l'oubliée ou la maudite
j'imite les caractères du talisman
qui m'a révélé le labyrinthe

Je m'applique comme je peux

Me relis sept fois
pour ne pas contrevenir à la règle

De phrase en phrase
Je m'étiole
me rétrécis

La page elle
s'élargit
se rallonge
jusqu'à recouvrir entièrement la table
et déborder

Mon calame m'échappe
saute par la fenêtre

Le ciel me claque sa porte au nez

J'assiste
impuissant
à la rébellion de mes outils

Fragment 23

Il est temps de se taire
de ranger les accessories
les costumes
les rêves
les douleurs
les cartes postales

Il est temps de fermer la parenthèse
arrêter le refrain
vendre les meubles
nettoyer la chambre
vider les poubelles

Il est temps d'ouvrir la cage
des canaries qui m'ont prodigué leur chant
contre une vague nourriture
et quelques gobelets d'eau

Il est temps de quitter
la maison des illusions
pour le large d'un océan de feu
où mes métaux humains
pourraient enfin fondre

Il est temps de quitter l'enveloppe
et s'apprêter au voyage

Nos chemins se séparent
ô mon frère l'évadé

J'ai de la folie
mon grain propre

Un choix autre
de la séparation

J'ai ma petite lumière
sur les significations dernières
de l'horreur

Une fois
une seule fois

il m'est arrivé d'être homme
comme l'ont célébré les romances

Et ce fut
au mitan de l'amour

L'amour
quoi de plus léger pour un havresac

Alors je m'envole
sans regret
j'adhère au cri
l'archaïque
rougi au feu des déveines

et je remonte d'une seule traite
la chaîne des avortements

Je surprends le chaos
en ses préparatifs

Je convoque à ma transe noire
le peuple majoritaire des éclopés
esprits vaincus
martyrs des passions réprouvées
vierges sacrifiées au moloch de la fécondité
aèdes chassés de la cité
dinosaurs aussi doux que des colombes
foudroyés en plein rêve
ermites de tous temps
ayant survécu dans leurs grottes
aux bulldozers de l'histoire

Je ne me reconnais d'autre peuple
que ce peuple
guéri du rapt et du meurtre
du vampirisme des besoins
des adorations
des soumissions
et des lois stupides

Je ne me reconnais d'autre peuple
que ce peuple
non issu de la horde

nuitamment nomade
laissant aux arbres leurs fruits
aux animaux la vie sauve

se nourrissant du lait des étoiles
confiant ses morts
à la générosité du silence

Je ne me reconnais d'autre peuple
que ce peuple
impossible

Nous nous rejoignons dans la transe

La danse nous rajeunit
nous fait traverser l'absence

Une autre veille commence
aux confins de la mémoire

Fragment 24

La saison du dire est close

De tout ce que l'homme a proféré
que restera-til ?

Cà et là
quelques bribes

La saveur des mots
qui ont donné la vie
et l'ont reprise

L'histoire d'un amour vaincu

Le chant désespéré
d'une espérance folle

Une clé
jetée au fond d'un puits

Le dernier râle d'un taureau
traîné comme une loque
hors de l'arène

Un collier d'énigmes
au cou translucide de la beauté

La saison du dire est close

Derrière la parole
se profile l'oubli

Avec sa lyre enchantée

Ses grandes mains effaceuses

Sa toge d'apparat aux mille replis

Et les rubis fondants de sa coupe

L'oubli
ce suborneur
sans délicatesse aucune

Il regagne la taverne des ses aïeux
s'installe sur son trône
et verse à ses ouailles
le breuvage illicite

À son banquet
Personne ne manque à l'appel

Il y a là
tout excités
les convertis de la vingt-cinquième heure
les vieux routiers de l'utopie
amers et sombres
les tortionnaires à la retraite
grands-pères et jardiniers émérites
les généraux
poètes du dimanche
tueurs du lundi et des autres jours
les banquiers des organes
et du sang impur
les marins fabulateurs
les faiseuses d'anges
les terrassiers de la juste voie
les petits artisans de la corruption
les ténors de la prudence
les maquereaux du ciel
les rois nus
coiffés de bonnets d'âne
les clowns du désert
les dompteurs du rêve
la meute au complet
des délateurs

Il y a là
vautrés au pied du trône
la masses des repentis
les fatigués du voyage
des libertés pour rien
de la misère sans fond
de la roué arracheuse de vérité

Il y a là
derrière le trône
posant pour la photo

l'aréopage des anciennes victimes
au torse bombé
armées jusq'aux dents

Il n'y a là
que des vieux
ou des jeunes vieillis avant l'âge
des enfants sadiques
le cou ridé
aux mains velues
des femmes à la poitrine plate
au cheveu rare

La taverne est bondée
l'odeur irrespirable

Le banquet s'éternise

On n'attend plus que le dîner
qui enfin arrive

Les serveurs
en tenue rayée de bagnard
remplissent les assiettes
d'énormes quartiers de chair
crue
avariée
et disent
à qui veut les entendre :
Mangez-vous les uns les autres

Les convives s'en donnent à cœur joie
déchirent
avalent
et se pourlèchent

La boisson coule à flots

Une musique « moderne » fuse

Les plus vaillants quittent les tables
forment une ronde
se déhanchent comme ils peuvent

La musique deviant vulgaire
les hommes aussi

Les femmes quittent leurs habits
le reste de leur féminité

L'orgie
si l'on peut dire
bat son plein

L'oubli trône
au fond de la taverne

Déguste son pouvoir

Fragment 25

La taverne de l'oubli
est maintenant vide.

Les reliefs du banquet
dispersés par le vent

La horde a repris ses chemins obscurs
ses tribulations

La scène est prête
pour accueillir d'autres drames

Pas de répit pour les saltimbanques
pas de pitié
pour les éternels spectateurs

Tiens
une parodie de l'apocalypse!

Ce qu'il faut pour frapper les esprits
jusqu'à l'extinction de l'esprit

Il y aura
cette fin de règne
et les appétits qu'elle réveille

Les signes
de la grande cassure
au centre de la terre
au cœur des idées

La dérive de la raison
et son morcellement

L'opaque dressant son airain
entre la chose et son contraire

Les fléaux et les miracles habituels
Mal inconnu à la racine. Mutation du sang.
Confusion des cinq sens. Dérèglement de la
lumière, des métaux, du coït.
Un siècle de pluies. Un siècle de sécheresse.

L'éclipse annoncée de longue date, souvent
reportée. L'arbre qui saigne. Les statues
somnambules. La licorne qui s'anime, sauté de sa
tapisserie et s'envole par la cheminée.
Réapparition de l'espèce éteinte des lutins.
Disparition de l'île des rencontres. Morts suspectes
au moment de la prière amoureuse. Évasion
collective de tous les asiles et des bagnes secrets.
Tarissement de la source de vérité, de l'océan
intérieur. Suicides en série des athlètes et des
tribuns adorés par le peuple. Invasion de
sauterelles méchaniques, de puces hautement
intelligentes.

Avancée allègre
du désert
dans les cœurs

Il y aura
dans les bagages du désert
le messager
le mal-aimé de son vivant

Candidat au martyre

Il sortira de la dune
aux sept vierges enterrées vivantes
du manuscrit aux pages arrachées
de la légende
ou d'une baraque de bidonville

Il aura les yeux de l'albinos
le visage mal rasé des mutins
le nez sans équivoque du loup de mer
les main brûlantes
de l'esclave-laboureur

Il avancera
sous le soleil livide
au milieu de la horde incrédule
dans le décore des misères morales

On entendra
les hurlements de la trompe archaïque

une rafale de caquètements
un coup de gong au goût de rouille

Puis dans le silence précurseur
des hauts récits
qui vont accéder à la mémoire
il essuiera de ses lèvres
les relents du mensonge
fixera les rangées de têtes immature
avant de dire:
Voici venir l'ère
des famines
et de l'égorgement

Ô people de cancrelats lubriques
prépare-toi à l'épreuve

La roue des destinées a tourné
et s'est arrêtée

Tu as joué
et perdu

Tu n'as su lire aucun signe

Du jardin que t'a été confié
tu as fait un dépotoir

De la graine sacrée
déposée en toi
tu as tiré le pain amer
qui ne peut se partager

Tu as consacré l'intelligence
aux alibis des crimes parfaits

Tu as ôté aux pauvres
la bouée de l'espérance

Aux femmes
la parure de l'être

À tes enfants
tu a légué tes œillères

l'appât du gain
et le lexique de la haine

À ceux qui t'ont offert un miroir
pour débusquer le monstre en toi
et compter les lâchetés
tu as crevé les yeux

Et moi
moi que te parle et te préviens
je sais quel sort tu me réserves

Voilà
j'offre mon corps à l'absurde
de ton ingéniosité sadique

Je te maudis
et maudis en même temps

cette tradition de l'holocauste
qui me fait m'agenouiller
écarter les bras
tendre le cou
pour que tu t'éprouves
avant de trancher la gorge
de l'agneau sans defense que je suis
et dont l'âme
s'il a une âme
ne trouvera jamais le repos

Fragment 26

Le messager prêchera longtemps
dans le vide

La curée qu'il redoutait
et désirait
n'aura pas lieu

La foule se détournera de lui

Il restera seul
torturé par ses visions

S'enfoncera peu à peu
dans le sable

Le soleil continuera à éclairer
l'ordinaire horreur

La nuit à recouvrir
le sordide inavouable

Le ciel ne se prononcera pas

L'apocalypse ne sera pas
une resucée du deluge
après la destruction des cités pécheresses

Pour ceux qui auront appris à lire
elle se déroulera
en un coin perdu
dans la boue d'une tente de réfugiés
là où un enfant décharné
couvert de vermine
exhale son dernier soufflé

Dans ses yeux
qui prennent la moitié du visage
il n'y a ni question
ni réponse

Il n'y a rien de ce que les humains partagent
ou se disputent

Rien de ce qui les attache
à ce que l'on appelle vie:
la chamade de la pluie
quand elle embaume la terre
la fenêtre de l'aube
ouverte sur le jasmin
et le beignet ruisselant de miel
la litanie pieuse d'une tourterelle
semant le trouble
dans le cœur fermé au mystère
le pain chaud
qu'on recouvre avec une serviette à carreaux
les fruits qu'on dépose amoureusement sur la table
la coupe
dont on contemple la robe
avant de la défaire
à petites gorgées savants
la caresse que s'attarde
sur chaque grain de la peau
et se dirige vers la source des sources
la vue de la mer
après une longue incarcération
—miracle des vagues libres
délices de l'horizon
poème que s'énonce clairement
le seuil frais d'une maison
où les vieux jours s'égrènent
en rêveries aux couleurs de friandises
la nouvelle de la chute d'un despote
celle de la mort d'un ami
les nuits blanches
où l'alezan de l'espoir
s'ouvre les veines
les coquelicots du bord de la route
quand le train ralentit
laisse passer un ange
et remplit la poche
d'une menue monnaie de jubilations
l'heure où l'on éteint

pour se retrouver avec soi-même
lire dans son dédale
à la bougie du rêve

Dans les yeux de l'enfant
il n'y a que l'absence

Il y a une autre connaissance

Les yeux de l'enfant
ne sont pas des yeux

Ils n'ont pas de larmes
pas plus de cils

Leur éclat glacial
est celui d'un astre insoumis
détaché de la matrice
depuis les origines
Hors de la course
à contre-courant
il vogue dans la prison de l'infini
en quête d'une lézarde
d'un trou par où s'échapper
s'éjecter dans l'ailleurs

Là où rien ne se crée
rien ne se transforme

Un au-delà immatérial
où il pourra sans attendre
crever l'abcès de la vie
et retourner à la poussière

L'apocalypse trime
se fait oublier
puis donne se des nouvelles

Quelle autre fin imaginer?

Il n'y a pas de fin

Le cauchemar
épouse un cercle parfait

Cela se nomme l'éternité

Un bocal hermétique
qu'aucune magie ne peut ouvrir

Boissy-Saint-Léger, Septembre 1996
Créteil, Juillet 1997

Also published by Leafe Press:

1,000 Views of "Girl Singing"
edited by John Bloomberg-Rissman

This book started as a project on John Bloomberg-Rissman's blog. The starting point was the poem "The Secret Life of an Angel" by Eileen Tabios, itself a response to the poem "Girl Singing" by Filipino Poet José Garcia Villa. Bloomberg-Rissman used various transformational procedures to produce versions of Tabios' poem, or new poems based upon it. The project was then opened to contributors, and the outpouring of creative, experimental work that followed is on show in this book - visual and musical versions, translations, reworked vocabulary in the style of John Cage; all are represented in this rich body of work.

www.leafepress.com for details